KB151767

전통춤 4대 명무

한영숙 · 강선영 · 김숙자 · 이매방

사단법인 한국전통춤협회 엮음

이병옥 자문위원, 용인대 명예교수
양종승 학술연구위원장, 샤머니즘박물관 관장
김영희 학술연구위원, 김영희춤연구소 소장
이희병 학술연구위원, 동국대 겸임교수
이종숙 학술연구위원, 한국전통악무연구소 소장
목진호 학술연구위원, 한국예술종합학교 강사

(게재순)

민속원 학술문고 042

전통춤 4대 명무

한영숙 · 강선영 · 김숙자 · 이매방

사단법인 한국전통춤협회 엮음

민속원

책을 펴내며

사단법인 한국전통춤협회는 지난 7년 동안 이 시대를 사는 모두에게 전통춤에 대한 접근성과 이해도를 높이는 데 도움이 되고자 최선의 노력을 다하여 왔습니다. 이러한 과업은 오로지 전통춤을 계승하고 발전시켜 나가는 연구자들과 전승자들의 시대적 임무이라고 하겠습니다. 그리하여 우리는 주어진 소임의 연장선에서 미래를 향한 힘찬 걸음을 내디디며 2019년 1월 12일 〈전통춤 4대 명무의 예술적 가치 및 위상〉이라는 주제로 학술포럼을 개최하였습니다. 이는, 20세기 중후반 전통춤 계승자로서 주어진 의 역할을 올곧게 해 주신 국가무형문화재 보유자 한영숙, 강선영, 김숙자, 이매방 4대 명무가 남긴 전통춤에 대한 예술적 가치와 무형문화재적 가치를 드높이기 위한 것이라 하겠습니다. 이러한 작업은 〈대한민국 전통춤 4대 명무 예술상 제정 및 예술제〉에 대한 학술자료 확보 차원에서도 필요한 것이기도 합니다. 이제, 학술포럼에서 발표된 두 편의 기조 발제문과 네 편의 연구논문 등 총 여섯 편의 논문이 수정 보완돼 한 권의 책으로 발간되는 것입니다.

학술포럼에 참여해주시고 책 발간에 도움 주신 연구자 모든 분에게 진심으로 감사의 말씀드립니다. 또한, 학술연구위원회가 주관한 학술포럼을 물심양면으로 도와주신 채상묵 이사장님 및 여러 임원님 그리고 회원님께 깊이 감사드립니다. 끝으로 『전통춤 4대 명무』 발간을 위해 애써주신 민속원 관계자 여러분께 이 지면을 통해 감사의 말씀 드립니다.

학술연구위원장

양종승

차례

이병옥

한국 전통춤의 역사적 전개

1. 서언序言

한국전통춤협회는 국가 무형문화재 4대 명무 한영숙, 이매방, 강선영, 김숙자 네 분의 전통춤을 전승하게 된 역사적 배경을 살펴 4대 명무들에 대한 각론적 발제를 하기로 하였다.

전통춤의 역사적 전개란 우리 민족이 오랜 역사 속에 도도히 흘러온 문화유산으로 고대로부터 근현대를 지내오면서 결실된 현재의 유산이기에 짚고 넘어가야 할 문제이기도 하다.

먼저 한국의 오랜 역사만큼 전통춤의 시대변천에 따라 변모되어 왔기에 각 시대 따른 패러다임의 변천[1]을 살펴보고자 한다. 그리고 근현대시기 외래문명의 범람과 서구춤 유입에 따른 전통춤

1) 이병옥, 「한국무용사 연구의 시대구분에 관한 제언」, 『한국무용사학』 제3집, 한국무용사학회, 2004, 161-190쪽. 논문의 일부를 전재 재인용하였음.

의 보존과 전승의 필요성과 대응하기 위해 1962년대 문화재 보호법[2]을 제정하여 시행하였다가 보완조치로 최근 무형문화재법까지 발의하였지만 2세대 보유자의 지정문제와 춤전승과 저작권 문제가 가장 뜨거운 감자로 대두되고 있다.

그간 무형문화재 지정과 전승은 지금까지 '원형'전승이라는 것이 일차적인 목표였으며, 제도권에서는 절대적 가치로 골수에 박힌 논리였기에 '변천'이니 '전형'이니 하는 개념은 쉽게 납득하기 어려운 주제라고 본다. 하지만 역사는 흐르고 명인도 따라 가고 새 인물들이 등장하여 새로운 세상을 만들어가며 새로운 패러다임을 형성해가는 것이 역사의 변천 원리이다.

문화는 인류의 탄생으로부터 장구한 세월을 거치면서 삶의 질적 향상과 양적 팽창 속에 발전을 거듭하면서 현대까지 변천 · 변화하여 왔다.

춤도 인류문화의 중요한 요소 중의 하나로, 시대변천으로 문화에 변화가 일어나면 마찬가지로 영향을 받아 변화해왔다. 한 세대를 살아가는 이들은 변화의 속도가 미미하여 변화과정을 잘 모른다. 그러나 스승으로부터 똑같이 배운 제자들도 전승재현과정에서 각자의 견해와 신체기억에 따라 달라지는 것이다. 그러므로 세대를 거듭할 때 비로소 변화를 느끼게 된다.

또한 춤스타일이 개인적이거나 창의적인 춤문화는 변화 속도가

2) 문화재를 보존, 활용함으로써 국민의 문화적 향상을 도모하고 인류문화의 발전에 기여하기 위하여 제정된 법률로 1962년 1월 10일 제정되어 그 뒤 여러 차례의 부분개정을 거쳤으며, 무형문화재는 1964년 제1호로 지정된 종묘제례악(宗廟祭禮樂) 이후, 현재는 유네스코 등재와 맞물려 보유자 없는 아리랑, 해녀, 씨름까지 지정되고 있다.

빠르나 의례적인 춤(의식춤)이나 양식화된 춤(궁중춤)은 변화속도가 느리다.

쿤Thomas Kuhn은 과학의 발전과정에서 기존의 패러다임으로는 설명할 수 없는 비정상 사례가 발생하고 이것이 축적되면 이를 해결할 수 있는 새로운 패러다임이 나타나게 되며, 이 새로운 패러다임이 기존의 패러다임을 대체하는 것으로 과학이 발전하는 과정을 설명하고 있다.[3]

춤 역시 역사적인 흐름 속에서 결코 단일화된 내용과 형식만을 갖고 있지는 않았다. 춤은 시대적, 공간적으로 뚜렷한 상이점을 갖고 형식과 기능이 발전해 오면서 새로운 춤 패러다임이 형성되는 것이다.

그러므로 한국역사 속에서 춤 패러다임의 역사적 전개를 간략하게나마 살펴보기로 한다.

2. 한국춤 패러다임paradigm의 역사적 전개

1) 원시시대의 춤패러다임

원시의 춤은 춤만이라고 볼 수 없는 악가무희樂歌舞戲의 종합성을 띠고 있으며, 사냥이나 채취의 먹거리를 찾고 종족을 유지시키려는 생존 수단이었으며, 본능적인 행위에서 비롯한 행동이었다.

3) 나간채, 「토마스 쿤의 과학 발전 이론에 의한 사회학 현상의 설명 가능성」, 『정신문화』 9호, 1981, 34쪽.

따라서 원시시대 춤 패러다임을 종합해보면 대체로 7가지의 유형인 수렵춤, 전투춤, 원시종교춤, 의료춤, 성애춤, 농경춤, 의식춤으로 「생존의 수단」의 본능적인 춤 목적, 「주술적 기원성」의 내용적 의미, 「무기」 중심의 무구와 소품과 「가면분장」, 「전투 기법」의 춤 형식, 부족 구성원 전체가 참여하는 「집단춤」적 성격, 표현 대상의 「모방동작」의 표현내용, 악가무樂歌舞가 합일된 「총체예술성」 등이다.[4]

결국 원시인들은 먹고 생존하기 위해 춤을 추고 신과 통하는 언어로, 춤을 소원의 상징과 소망의 뜻으로, 춤을 생존의식의 수단으로 이용하여 왔다. 원시인들은 오직 생존 그 자체를 위해서 신을 섬기고 생활을 위한 수단으로 사용하였던 것이다.

2) 고조선과 성읍국가시대의 춤패러다임

고조선과 성읍국가시대는 인구의 증가와 조직이 강화되면서 부족연맹과 부족국가를 형성하면서 집단농경의 시작되면서 춤패러다임paradigm도 농경과 지배력을 위한 제천행사(부여의 영고, 고구려의 동맹, 예의 무천, 마한의 소도제)를 거행하였다. 제천의식은 집단가무형 춤이 주축을 이루고 있었으며 그 규모도 커지고 풍농을 위한 신앙적 축제가 성행하였다.

고조선시대의 춤의 패러다임은 농경정착생활로 수렵춤이 퇴조를 보이면서 수렵춤의 동물과 사냥의 모방춤이 동물가면춤으로

4) 이병옥, 『한국무용통사』 고대편, 민속원, 2013, 57-58쪽 요약.

변천되는 양상과 농경춤인 농경의식춤이 대두되었고, 춤사위기법과 반주음악과 무복 등의 양식화가 나타나기 시작했다.

또한 성읍국가시대 춤의 유형은 고조선시대의 춤과 대동소이하나, 제천의식춤, 농경의식춤, 가면춤, 무속춤 등이 부각되고 있었다. 성읍국가시대 춤 패러다임을 요약하면 풍농을 기원하는 제천의식춤의 발달, 음주가무의 풍속 대두, 파종과 추수 후에는 두레집단의 축제춤과 민속집단춤이 성행, 군취가무의 혼성 집단춤 형태, 농악기의 초기형태인 타악기의 연주춤 형태, 제사장을 중심으로 종교의식과 민중중심의 축제와 오락춤의 대두 등이었다.[5)]

3) 삼국과 통일신라시대의 춤패러다임

삼국시대는 불교가 우리나라에 들어와 뿌리를 내리면서 문화예술의 융성을 이루어내는 불교 예술의 시기이다. 고구려, 백제, 신라가 각기 독자적인 문화를 꽃피우면서 오늘날 지역적 향토문화를 토착시키는 계기가 마련되었다. 특히 고구려는 육로를 통해 중국과 성역의 문화를 흡수와 교류를 통해 대륙문화의 절정을 이루었고, 백제는 동양 남쪽의 해양문화를 흡수하면서 농경문화를 정착시켰으며 기악伎樂을 일본에 전파시켰다. 후발 신라는 고구려와 백제의 양쪽 문화를 흡수하면서 독자적인 문화를 싹틔웠다.

통일신라의 경우는 신라의 측면에서 보면 고구려와 백제의 문화를 흡수하여 발전된 양상을 보여 통일신라는 삼국 문화의 통합

5) 위의 책, 128-130쪽 요약.

적 패러다임paradigm의 시대라 할 수 있었다.

그러므로 통일신라의 춤은 다양한 춤의 유형 즉 고구려, 백제춤의 흡수로 다양한 춤과 잡희가 성행하였으며, 여러 가지 악기가 풍부해졌고, 무척舞尺, 가척歌尺, 금척琴尺[6] 등 독특한 지위가 형성되었고, 화려하고 세련된 무복을 입었고, 무악을 관장하는 관청[音聲署]을 설치하였으며, 국가의 안녕과 번영을 비는 호국신의 기원제가 있었고, 가면을 주로 활용한 오기五伎, 처용무 등이 성행하였으며, 궁중연회에 쓰여지는 궁중춤의 기틀이 완성되었고, 불교를 전교하기 위한 불교전교춤과 불교의식춤인 「범패 · 작법」과 「무애무」가 성행하였고, 팔관회와 연등회같은 가무축제가 성행하였다.

4) 고려시대의 춤패러다임

고려는 신라와 당의 제도를 채용하여 문화 예술과 사회 경제적 변혁이 없는 왕조를 성립하였다. 또한, 불교를 국시國是로 삼아 불사佛寺와 승려들은 국가 보호 아래 혜택과 권위를 누렸으며, 불교문화의 발달로 인하여 춤과 음악도 놀랄 만하게 융성하여 개성적이고 독창적인 특징을 이루어 놓았다.

특히 이 당시 사람들은 예악禮樂사상과 정치사상이 투철하여 임금의 공덕을 반드시 악가樂歌로 만들어 후세에 전하게 했으며, 가무歌舞도 당악唐樂, 향악鄕樂, 아악雅樂의 삼부악三部樂으로 크게

---

6) 무척, 금척, 가척이니 하는 '척'은 오늘날에는 '잡이', '잽이', '재비', '장이(匠伊)'의 고대 한자어 표기로 여겨진다. 따라서 '춤쟁이', '가야금잡이', '장구잡이', '노래쟁이' 등 악기를 '잡는다'는 '잡이', 그밖에 才人은 '쟁이'로 불린다.

나누어 발전시켰다.

고려 시대 춤 패러다임의 특징은 팔관회와 연등회와 같은 국가적인 축제 발달, 전문화된 교방, 기녀 양성소에서 궁중 가무가 시행, 가설무대를 만들어 가무백희가 예술적으로 향상, 궁중에서 행하는 벽사진경의 나례의식에서 처용무 채택, 예종 때는 당에서 궁중 정재가 수입으로 가무의 양립화(당악을 좌방악左方樂, 향악은 우방악右方樂) 등이었다.

5) 조선시대의 춤패러다임

조선은 억불숭유정책으로 전환하여 고려문화와는 다른 문화정신을 지향하였다. 유교를 통치이념으로 삼아 전시대의 탐미주의, 신비주의 청산, 즉, 이상세계의 탐미지향에서 현실세계로의 의식전향의 예술을 형성케 하였다.

조선시대는 궁중춤의 전성기였다. 춤사위의 형태적 특성은 왕가의 권위를 강조하기 위하여 엄격한 음양오행 구조의 방위와 병렬식, 열대형 등 기하학적 도형의 구조를 지니고 있었고, 그밖에 각종 민속놀이에서 보여지는 각종 장기춤, 마임적 요소, 편놀음의 대결 구조 등이 복합적으로 짜여 있다.

조선은 예禮와 악樂에 기초를 두고 이를 중시하게 되어 자연히 화려하고 우아한 궁중정재가 많이 창제되었으며, 이렇게 만들어진 춤과 음악들은 조선조 5백여 년 동안 전승되고 연행되었다. 전문무악인舞樂人에 의하여 다듬어지고 닦여진 춤들은 완벽한 세련미와 형식미를 갖추게 되었다.

특히 순조 때를 궁중정재의 일대 황금기라 말할 수 있는데 이는 왕세자인 효명孝明(후에 익종)이 이룩한 정재呈才의 업적으로 인한 것이다. 이때 세자를 보좌한 김창하金昌河는 그에 어울리는 아름답고 많은 정재를 안무함으로써 최고의 절정기를 이루게 된 것이다.

조선시대의 춤패러다임은 궁중춤과 민속춤이 확연하게 분리 발전한 점이다. 특히 조선 후기에 접어들면서부터는 궁중춤이 체계화되고 서민 문화의 발달로 서민들의 민속춤들이 활기를 띠고 다양화되었다. 관념적 춤에서 벗어나 예술적인 춤이 나타나게 되었고, 춤의 향유층이 민중으로 크게 바뀌어 짐으로써 민속적인 춤으로 변모하고, 또한 수용층이 확대되면서부터 자연히 전문적인 춤꾼이 생겨났고, 민속춤이 성립되었다.

특히 농악·탈춤·소리춤과 같은 집단춤과 허튼춤, 모방춤과 같은 민간민속춤들이 임진왜란이후 민중의식이 높아지고 농경 이앙법移秧法의 개발로 풍농이 이어져 발전하게 되었다.

또한 양반층과 왕족들이 향유한 궁중 정재춤이나 지방교방춤도 발달하게 되었고, 서민들의 홍겹게 멋을 부리는 춤과 양반 계층이 향유한 우아하고도 형식적인 궁중춤을 조화롭게 융합시켜 승무, 검무, 입춤과 같은 예술성이 뛰어난 춤을 창조해 한말의 기방춤으로 이어지면서 꽃을 피우게 되었다.

한편 불교의식춤은 서민 불교로 변모하는 과정에서 포교 수단으로 제사의식에 도입함으로 발전한 춤이며 사찰운영비를 마련하기 위한 사당패춤도 성행하게 되었다. 무속춤은 조선 초기만 해도 산주山州, 성황城隍, 기우제祈雨祭 등 공의적公儀的 굿판에서 추어 왔으나, 조선 후기에는 사의적私儀的 굿으로 전락하여 오귀굿과 같은 집안굿으로 변모하여 다양한 굿춤들이 지역적으로 양식화 되었다.

6) 근대의 춤패러다임

근대춤기는 1910년 한일합방으로 인한 일본 및 외국사조의 유입에 따른 외국춤의 도입기라 할 수 있겠다. 이 시기의 춤은 일본의 영향을 많이 받았으며 민족적 삶에 대한 천착穿鑿을 거치지 않았기 때문에 감각적이고 인상적인 효과에 주로 의존했으며 그로 인해 개념적 혼란이 가중되었다. 이른바 '신무용'이 우리나라에 처음으로 소개된 것은 1926년 이시이바쿠石井漠의 공연이후 최승희, 조택원 등에 의해 서구적 개념의 예술춤, 무대춤, 창작춤이라는 새로운 춤패러다임이 형성되기 시작했다.

또한 일제에 의한 민족문화말살정책으로 한국의 근대사는 문화적 침체기였으며 춤패러다임의 격변기라 할 수 있다. 일제강점기에는 궁중의 각종 진연이 폐지됨으로써 조선시대의 찬란한 궁중춤의 용도가 없어지게 됨으로써 궁중여령들이나 지방관기들이 협률사, 광무대 등의 서구식극장에서 재연되거나 기생조합이나 권번을 통해 그 명맥을 유지할 수 있는 정도로 계승되고 있었다.

민간전승의 전통춤 역시 민족문화말살의 정책으로 인한 농악, 탈춤 등 집단춤은 금지되어 명맥만을 유지하였고, 재인 광대들의 춤과 기방계춤들도 무대화되지 못한 춤들은 소멸되어 갔다. 그나마 한성준, 이동안 같은 재인이 있었기에 재인춤들을 명맥을 유지하는데 큰 역할을 하였다.

7) 현대의 춤패러다임

1945년 광복 후 시대의 혼란상 및 6.25에 따른 생존 위기는 우리에게 문화나 예술을 생각할 여유를 상실하였다. 그러나 1960년대 이후 경제성장을 기반으로 하여 차츰 문화에 대한 관심이 일어나면서 국립극장을 중심으로 한 국립무용단, 국립발레단이 창설되어 춤의 전문화가 이루어졌다.[7]

전통춤 분야는 외래문화의 범람으로 인한 전통문화의 인멸에 직면하자 보존과 전승이라는 국가 정책으로 1962년 문화재보호법(법률 제961호)을 시행하게 되어 승무, 살풀이춤, 태평무 등을 무형문화재 춤 종목으로 지정하여 국가적 보호아래 보존 전승하게 되었다. 그리고 50여 년 동안 문화재보호법에 안주하여 특혜를 누리면서 지내왔지만 지정되지 못한 수많은 전통춤들은 반대로 더 소외되고 인멸되는 역기능도 잉태하였다.

1970년대 이후는 정병호교수를 중심으로 '한국전통무용연구회'가 조직되어 재야에 묻혀있던 춤예인들을 중앙무대에 올리고 김수근이 마련한 '공간사랑' 공연을 주선함으로써 세인들과 매스컴의 관심을 갖기에 이르렀다.

---

7) 국립 발레단 소속인 임성남, 송범 등은 1965년 〈멍든산하〉와 같은 춤극을 선보여 우리나라 발레계의 가능성과 능력을 일깨워 주었으며, 김백봉의 창작무 〈화관무〉, 〈부채춤〉과 조용자의 창작무 〈장고춤〉 등은 그 이전의 춤의 성향인 개인무(Solo)형태에서 서구식 무대양식에 준하는 군무형태를 시도 창작춤의 진일보된 면모를 보여 주었다.

1980년대 들어 '86 아시안게임과 '88 올림픽을 준비하면서 한국춤은 전통에 대한 재조명을 통하여 이를 새롭게 인식하여 재정립하려는 전통춤 뿌리찾기 노력을 보이기 시작했으며, 이와 더불어 세계무대에 대한 관심과 한국적인 정취를 보다 다양하고 광범위하게 표현하려 함으로써 무대장치, 조명, 음향, 의상 등에서 복합적이고 다양한 양상으로 실험작업을 꾀하려는 경향이 두드러졌다.

이러한 한국춤의 패러다임은 포스트모더니즘의 특성이라 할 수 있는 다매체적이고 실험적인 경향을 가지고 주제나 소재 면에서도 예술영역과 일상영역을 구분짓는 경계를 넘어서 현실에서의 정치, 경제, 사회, 문화에 대한 제반문제들을 제기하고 문명에 저항하며 소외된 인간성을 회복하려는 주제성을 띠게 되었다.

전통춤의 무형문화재 지정은 지정종목과 비지정종목간의 생사를 가르는 새로운 춤패러다임을 형성하게 되었고, 창작춤의 경향과는 달리 '원형보존'이라는 전수개념의 춤 전승체계와 지정종목의 조직화와 문회권력층을 형성하고 춤 집중화 현상이 강력히 나타나게 되었다.

3. 결언結言 - 무형문화재 지정 전통춤의 새로운 전개

무형문화재 지정과 전승이라는 측면에 국한하여 볼 때, 근대 국제정세의 서세동점西勢東占과 근현대화로 인한 '전통문화유산의 소멸위기'를 극복하려는 시급성 때문에 문화재보호법을 시행하게 되어 승무, 살풀이춤, 태평무 등을 무형문화재 춤 종목으로 지정하여 국가적 보호아래 보존 전승하게 되었다.

그러나 시간이 흘러 현재 1세대 보유자의 고령화와 작고로 인하여 세대 교체하는 시점에 이르자 전통춤계는 2세대 보유자 지정과정에서 제도와 운영의 문제로 청와대 앞에서 1인 시위까지 벌이는 생사가 달린 문제로 진통을 겪고 있으며, 보유자 추던 춤들의 저작권 문제로 청와대 청원과 저작권 철회집회까지 일고 있다.

쿤Thomas Kuhn의 논리가 아니더라도 전통춤 역시 시대환경이 변하면서 패러다임이 변하는 과정에 있다. 이처럼 시대상황이 바뀌면서 전통춤계가 성장통을 앓고 있는 중이다. 제도권에서 생성된 문제이기에 제도의 패러다임을 시대에 맞게 바꿔야하는 어려움도 안고 있다. 또한 현재 지방 무형문화재로 지정된 춤 종목만도 30여 종과 중국 조선족 비물질문화유산 춤분야만도 40여 종에 이르고 있어 무형문화재의 춤 환경이 지역유파가 다변화되어 희소가치가 희석되고 있다. 〈아래 '참고자료' 참조〉

한편에서는 새 시대의 패러다임을 요구하는 시점에 이르자 '원형전승'이라는 굴레에 사로잡혀 더 이상 발전하지 못하고 정체되는 현상마저 나타나고 있다. 이어서 2015년 다시 '무형문화재법'이 제정되면서 '원형原形'논리에서 '전형典型'으로 그동안 지나치게 박제화되었던 무형문화재의 발전변모의 가능성을 담보하면서 유네스코 무형유산 운영기준과 연계한 법안으로 시행되기에 이르렀다.

이번 한국전통춤협회 학술발표의 중심인 4대 명무와 그들의 전통춤들도 이제 역사 속의 춤이 되어가고 있다. 동시대 사람들이나 전수자들은 이분들과 함께 살아오면서 춤을 보고 즐기며 전수받으며 살았지만 후대사람들에게는 전설속의 인물이며 이제는 전승자들이 재현하는 춤을 보고 간접적으로 느낄 뿐이다.

비록 명무들은 가시고 작품만 남아 전승되는 새로운 패러다임의 시대를 맞이하더라도 4대 명무들이 남긴 춤 유산과 생애와 예술성에 대한 심도있는 고찰과 역사기록이 지금 더욱 절실한 시기이다.

이 시점에서 4대 명무 고故 한영숙, 이매방, 강선영, 김숙자들이 중요한 이유는

1. 국가무형문화재로 지정된 1세대 예능보유자들이었기 때문이다.
2. 다시 돌이킬 수도 다시 볼 수도 없는 역사적 인물이 되었기 때문이다.
3. 이분들의 춤 세계가 미래 인정될 보유자나 전승자들의 춤을 비교하는 잣대가 되기 때문이다.
4. 무형문화재의 패러다임이 변해도 무형문화재 제도권 패러다임의 원조이기 때문이다.

〈참고자료〉 한민족 무형문화재 지정종목 현황과 문제

국가무형문화재로 지정된 춤종목은 강강술래(8호, 소리춤이지만 민속놀이로 분류), 진주검무(12호), 승무(27호), 승전무(21호), 처용무(39호), 학연화대 합설무(40호), 태평무(92호), 살풀이춤(97호) 등 8종이며, 지방무형문화재로 지정된 춤종목은 한량무(서울45호), 살풀이춤(서울46호), 동래학춤(부산3호), 동래고무(부산10호), 동래한량춤(부산14호), 승무·살풀이춤(경기8호), 안성향당무(경기34호), 경기검무(경기53호), 고깔소고춤(경기56호), 승무(대전15호), 입춤(대전21호), 살풀이춤(대전20호), 승무(충남27호), 날뫼북춤(대구2호), 살풀이춤(대구9호), 정소산류 수건춤(대구18호), 호남살풀이춤(전북15호), 한량춤(전북44호), 호남산조춤(전북47호), 예기무(전북48호), 전라삼현승무(전북52호), 진주한량무(경남3호), 진주포구락(경남12호), 진주교방굿거리춤(경남21호), 범패와 작법무(인천10호), 진도북놀이(전남18호), 화관무(황해4호), 평양검무(평남1호), 부채춤(평남3호), 함북선녀춤(함북3호), 평남수건춤(평남4호) 등 총 31종이 있다.

한편 중국 동북3성 등지에서 전승되는 조선족 춤 중에도 많은 춤종목이 '비물질문화유산'으로 지정되어 전승하고 있다. 즉 유네스코에 등재된 〈국제급〉은 조선족농악무象帽舞·乞粒舞가 있으며, 〈국가급〉으로는 조선족농악무(길림성 연변조선족자치주), 조선족학춤(길림성 연변조선족자치주), 조선족장고춤(길림성 도문시) 3종이 지정되었고, 〈성급〉으로 조선족아박춤(길림성 안도현), 조선족부채춤(연변조선족자치주), 조선족칼춤(길림성 도문시), 조선족북춤圓鼓(길림성 도문시), 조선족학춤(길림성 안도현), 조선족사발춤(길림성 훈춘시), 조선족장고춤(길림성 도문시), 조선족손북手鼓춤(길림성 도문시), 조선족방망이춤(길림성 도문시), 조선족상모춤(길림성 왕청현), 도문조선족탈춤(도문시), 조선족칼춤(연변주), 조선족찰떡치기춤(도문시), 조선족향발무响钹舞(연변주), 조선족물동이춤(돈화시), 조선족지게춤(룡정시) 등 16종이 지정되었으며, 〈주급〉으로 상모춤(왕청현문화국), 아박춤(안도현문화관), 학춤(안도현문화관), 장고춤(도문시문화관), 칼춤(도문시문화관), 손북춤(도문시문화관), 북춤(도문시문화관), 방망이춤(도문시문화관), 키춤(도문시문화관), 접시춤(훈춘시문화관), 베짜기춤(연변문화예술연구센터), 부채춤(연변문화예술연구센터), 지게춤(룡정시문화관), 조선족승무僧舞(도문시 향상가도), 조선족가면춤(안도현문화관/도문시향 상가도), 조선족찰떡치기춤(도문시 신화가도), 조선족칼춤(연변가무단), 조선족긴소매춤(왕청현문화관), 조선족향발무响钹舞(연변주군중예술관), 조선족물동이춤(돈화시예술단) 등 20종이 있어 총 40종이 지정되었다.

양종승

1. 들어가는 말

본 글의 목적은 1961년 제정된 문화재보호법 하에서 국가무형문화재 전통춤 보유자 반열에 오른 한영숙, 강선영, 김숙자, 이매방의 전통춤 가치와 위상을 밝히는 데 있다. 이를 위해 먼저 4대 명무에 대해 간략하게 소개한 후, 20세기 초중반 사회적 및 문화예술적 격동기에 전개된 전통춤과 서양춤 간의 충돌, 갈등, 대립에 대해 논의해보고자 한다. 그리고 이 시기 민족문화운동으로 인한 시대적 상황에 의해 새롭게 개념화된 전통 및 신무용 정체성에 대해 살펴보고자 한다. 마지막으로, 전래와 외래의 절충으로 되살아 난 전통춤의 부활 그리고 4대 명무가 전승한 전통춤의 무형문화재적 가치와 위상에 대해 알아보고자 한다.

2. 전통춤 4대 명무 - 한영숙, 강선영, 김숙자, 이매방

한국 전통춤 생성과 발달은 고대사회 신앙의례로부터 시작되었다. 우리나라 전통춤의 대표성을 갖는 살풀이춤, 도살풀이춤, 승무, 태평무만 보더라도 전래 무속이나 불교 신앙의례로 시작되었다. 그리고 시공간적 변화에 따라 지금의 예술 미학적 춤으로 승화된 것이다. 이로써 신앙의례는 예술을 탄생시키는 주요한 기반이며 토대가 된다. 그리고 예술성을 부각하는 모체로서도 역할 한다. 역으로, 종교 신앙의례 또한 미학적으로 발달한 예술을 받아들임으로써 그 행위의 정당화를 심화시키곤 한다. 고로, 신앙의례와 예술은 상호 간 협력, 협조, 협심, 협상하는 상관관계로써 서로의 발전적 계기를 마련하는 불가분적 원리에 묶여 있다. 그리고 이러한 구조를 바탕으로 전통춤 발전은 이루어져 온 것이다.

오늘날의 전통춤은 19세기 후반까지 전개된 전통사회에서 20세기 초중반에 이르러 전개된 근현대사회로의 전환기에서 그 형태와 정체성이 확립된 것이다. 이를, 후세대에 계승시킨 전달자로서 주어진 소임을 다한 한영숙, 강선영, 김숙자, 이매방 4인은 국가무형문화재 보유자 반열에 오른 우리 시대의 전통춤 4대 명무들이다. 이들은 공교롭게도 일제강점기인 1920년대 초에서 후반 사이에 출생하였고, 유구한 역사 속에서 우리 민족이 가장 크고 아픈 상처를 입고 있었던 시련 하에서 성장기를 보냈다. 그러면서 우리 민족문화예술 말살을 목적으로 감행되었던 일제의 문화동화정책도 경험하였다. 이러한 피나는 역경과 힘든 고난을 경험한 4대 명무는 해방이 되자 그 누구보다 민족예술 재건과 부활에 대한 열망을

명무 한영숙 승무
(사진제공 : 한국학중앙연구원 자료)

명무 강선영 태평무
(사진제공 : 태평무보존회 자료)

명무 김숙자 도살풀이춤
(사진제공 : 김숙자춤보존회 자료)

명무 이매방 살풀이춤
(사진제공 : 우봉이매방춤보존회 자료)

갖게 된 것이다. 그리하여 4대 명무는 1950년대가 되면서 전통춤 복원과 전승 사업에 심혈을 기울이게 되었다. 결국, 4대 명무의 그러한 전승행로의 노력과 민족예술에 대한 보호는 1961년 문화재보호법 제정과 더불어 인정된 전통춤 국가무형문화재 보유자로 귀결된 것이다. 그리하여 4대 명무들에 의해 우리 시대로 계승된 전통춤은 한민족 무형문화재의 진수이며 전통춤 백미로 평가되어 오늘에 이르고 있다. 전통춤 4대 명무에 대한 소개는 다음과 같다.

전통춤 4대 명무

벽사碧史 한영숙韓英淑(1920-1989)

1969년 국가무형문화재 제27호 승무 및 1971년 국가무형문화재 제40호 학무 보유자로 인정된 벽사 한영숙은 충남 홍성에서 출생하여 어려서부터 조부 한성준으로부터 승무, 태평무, 학춤, 살풀이춤 전통춤을 학습하였다. 1937년 부민관에서 첫 무용발표회를 개최하였다. 1946년 조부 한성준의 〈조선음악무용연구회〉를 인수하여 〈한영숙고전무용연구소〉로 개칭하여 후학을 양성하였다. 수백 회에 달하는 국내외 공연에 참여하였다. 국악예술학교(현 한국전통예술고등학교) 설립에 참여하였고, 서라벌예술대학 및 이화여대 강사, 수도여자사범대학(현 세종대학교) 조교수를 지냈다.

명가明嘉 강선영姜善泳(1925-2016)

1990년 국가무형문화재 제92호 태평무 보유자 및 2013년 명예보유자로 인정된 명가 강선영은 경기도 안성에서 출생하여 어려서 한성준의 〈조선음악무용연구회〉에 입문하여 태평무를 비롯한 검무, 한량무, 승무, 살풀이춤, 신선무 등을 배웠다. 1951년 〈강선영고전무용연구소〉를 개소하여 제자를 양성하면서 수백 회에 이르는 국내외 공연에 참여하였다. 국립무용단 부단장, 강선영무용단 단장, 한국무용협회 이사장, 한국예술문화단체총연합회 회장, 대한민국 제14대 국회의원 및 한나라당 상임고문, 태평무전수관 설립 및 관장을 지냈다.

매헌梅軒 김숙자金淑子(1927-1991)

1990년 국가무형문화재 살풀이춤(도살풀이춤) 보유자로 인정된 매헌 김숙자는 경기도 안성에서 태어나 어려서부터 부친 김덕순에게서 전통춤을 배웠다. 수원 권번 조진영에게서는 판소리를 배웠다. 1946년 대전에서 춤을 가르쳤고, 1963년부터 서울에서 김숙자민속무용학원을 개설하여 제자를 양성했다. 수백 회에 달하는 국내외 공연에 참여하여 승무 태평무, 한량무, 신선무 등의 민속춤과 도살풀이춤, 터벌림춤, 진쇠춤 부정놀이춤, 올림채춤, 쌍군웅춤 등의 무속춤을 공연하였다. 김숙자민속무용학원 원장, 한국무속예술보존회 회장을 지냈다.

우봉宇峰 이매방李梅芳(1927-2015)

1987년 국가무형문화재 제27호 승무 및 1990년 국가무형문화재 제97호 살풀이춤 보유자 그리고 2013년에 두 종목의 명예보유자로 인정된 우봉 이매방은 전남 목포에서 출생하여 어려서부터 이대조, 이창조, 박영구 진석산에게서 전통춤을 사사하였다. 1948년 명창 임방울 명인 명창대회에 '승무'로 출연하였고, 1953년 광주에서 제1회 개인발표회를 시작으로 무용 인생 50주년, 65주년, 70주년 등 국내외

수백 회 공연에서 승무와 살풀이춤을 비롯한 입춤, 검무, 장고춤, 사풍정감, 장검무, 삼고무 등을 발표하였다. 이매방무용연구소 대표, 용인대 무용학과 대우교수 한국무용협회 고문, 한국전통춤협회 고문을 지냈다.

3. 20세기 전통문화와 외래문화의 양립

20세기 한국사회에서는 근대화론이 대두되면서 유럽을 중축으로 한 서양춤에 치중하여 교육을 받아야 하고 동경하는 분위기가 팽배했다. 춤 교육현장에서도 전래한 민족의 전통춤에 대한 올바른 이해와 학습보다는 외래의 서양춤을 선망하는 쪽으로 끌려갔다. 외국의 역사와 문화예술, 그리고 그에 따른 철학과 사상을 먼저 터득하면서 삶의 가치관 또한 그것들을 모방하거나 답습하여야 하는 분위기로 조성된 것이다. 서구 지향적 춤 예술보다는 비서구 문화를 멸시하거나 열등한 것으로 치부하게 되었다. 보다 합리적이고 가치 있으며 우월하다고 여겨진 서양춤은 비서구 춤을 위축시키거나 사장하는 데까지 몰고 가는 지경으로 치닫게 한 것이다. 이는 마치 현대적 감각의 과학 문화가 전통문화 속에 담긴 오랜 지혜를 무시하거나 경멸하면서 근대화 구호를 등에 업고 전통적인 것은 낡거나 불필요한 것으로 여겼던 것과 같은 논리이다. 이와 같은 편향적 춤을 비롯한 문화구조는 한쪽이 다른 한쪽에 의해 덧입혀져 전통이 외래의 것에 비위를 맞추며 대응 또는 병립하는 과정을 거쳤다가 차츰 융합 또는 동화돼 갔다. 그리고 전통은 시간의 흐름 속에서 소멸하곤 하였다. 이는 마치 과거 식민지 정책하에서 '문명과 야만'의 대립적 관계를 설정하여 과학적 문명국과 전통적 야만국이라는 이원적 구조를 방불케 하는 것과 같은 논리이다. 야만이 문명이 되기 위해 신문화를 수용하고 받아들여야 한다는 논리를 내세움으로써 문화식민주의 현상을 자처하게 하였던 것과 같은 것이다.

편협한 문화구조가 지속하고 있던 20세기 초중반, 한국사회에서의 서양춤은 이 땅에 오래도록 전해져 온 전통춤과 충돌하면서 갈등을 빚어냈다. 전통춤은 유입된 서양춤 문화에 맞서 대응할 수 없는 미약한 존재로 추락하거나 설 자리를 내주어 소멸의 길로 들어섰다. 전통춤은 또한 급격한 서구 문명 주의를 추종한 공업화, 기계화, 도시화 등에 힘입어 국제화, 세계화의 국제질서에 발맞추려는 정부의 편협한 문화 정책과도 맞물려 있어서 위축할 수밖에 없는 노릇이었다. 이러한 상황 속에서 전통춤은 자연스럽게 뒷전으로 밀려나 소멸하거나 변천돼 쇠퇴의 길을 걷게 된 것이다.

4. '전통' 담론화와 '전통춤' 재건 운동

서양춤 유입으로 인한 전통춤 쇠퇴 현상은 한국의 민족문화주의자들이 자민족 춤 및 문화를 보존하고 계승하는 데 열을 올리는 발판을 만들 수 있도록 자극하였다. 이 시기는 한영숙, 강선영, 김숙자, 이매방 4대 명무가 활발한 활동을 펼치던 시기였고, 자의든 자의가 아니든 이들은 춤 문화에서는 민족문화주의적 자세로 임할 수밖에 없는 처지였다. 전승과 공연 활동을 통해 국민이 전통춤의 자긍심을 갖게 하여 민족주의적 의식을 고취시키는 데 노력하고, 민족주의 화두로 떠오를 수 있는 사회적 국면을 조성하는 데 전통춤 계승자로서 역할을 하였다. 당시는 우리 민족문화에 덧씌운 오리엔탈리즘이라는 허구를 벗겨내려는 시도가 줄을 잇고 있었고, 민족문화 담론 세우기는 20세기 민족문화주의자들이 추구해온 서구 중축의 지배 담론을 명문화한 것이었다. 이는 민중문화에 비문명적이라는 멍에를 씌었던 편협한 지식층의 문화보기에서 탈피하고자 하는 노력으로 이어져 갔다. 그러면서 민중 정신과 얼이 함께 어우러진 '전통(전통춤)'은 논의 및 실현 그 자체로서 '민족문화 바로 세우기'의 필연적 요소로 등장하였고, 이는 식자들의 보편적 인식체계 속에서 그리고 국민의 애국적 정서 속에 자리잡게 되었다. 이들은 밖에서 유입된 외래 그것과 달리 이 땅에 자생적으로 자라온 우리의 전통문화 및 전통춤을 연구하고 계승하여 민족사와 문화예술의 독창성을 찾고자 함은 물론 민족적 뿌리를 튼실하게 하고자 하였다. 이에 '전통'과 '전통춤'은 식자들과 계승자들의 흥미를 더욱 북돋우며 민족적 논제로 떠오르게 된 것이다.

이러한 분위기에서 문화예술계에서는 '전통춤 담론'에 대한 논의가 더욱 깊이 있게 다루어지게 되었다. 우리네 문화 소산으로 일구어 왔던 전래문화의 붕괴와 위기 속에서 4대 명무는 민족문화주의적 사고로 민족춤 복원과 재건을 외치며 '민속춤 운동'이라는 시대적 이슈를 부추겼다. 이 시기에 주요한 논제로 떠오른 '전통춤'은 민족문화와 예술의 시원을 이야기하는데 절대적으로 필요한 용어가 되기에 이르렀다. 이는 전통춤을 통해 우리 민족의 문화예술의 뿌리를 찾으면서 그에 대한 정체성을 극대화 시키고자 하였다. 그러면서 민족문화재건 및 전통문화복원을 통한 전통춤 주체성 찾기 명분으로 승화되었던 민족의식 복원 운동이 전개되기 시작하였다. 그러면서 이러한 사회적 분위기 하에서 4대 명무는 전통춤계를 이끄는 중심축이 되어 활개를 펴나갈 수 있게 되었다.

민족문화와 전통춤을 복원하고 이를 계승 발전시키려는 민족문화운동은 국가의 문화재보호정책과도 긴밀히 연관된다. 1961년 문화재보호법이 탄생하였고, 정부는 민족문화의 보호와 발전에 관한 직접적 관심을 두고 이를 보호하고 육성하는 정책을 펼치기 시작했다. 민족문화의 틀이 변질되어 가는 잘못을 바로잡고 이를 오늘에 되살려 이를 보호하고자 하였다. 이처럼 문화유산 보존과 계승사업은 민족적 역사적 소산인 전통문화를 중시하는 이른바 국가의 문화재보호정책으로 시작되었고, 이는 선인들의 지혜와 기술, 그리고 기예능을 보존시킴은 물론이고 미래에 전승하여 유산에 담긴 민족적 혼과 정신을 지키기 위한 것이었다.

5. 신무용과 전통춤의 대립과 갈등 그리고 융합

앞서 논한 바와 같이, 20세기 외래로부터 유입된 서양의 신무용은 이 땅에 전래된 전통춤과 대립하면서 갈등을 일으키는 두 축의 구조로 양분화되었다. 유럽 풍조를 받아들인 서양 형식의 '신무용 운동'이 본격화되기 시작하면서 이 땅에 전래되어진 토속적인 전통춤은 시대적 무용발전을 저해하는 것으로 여겨져 배척의 대상이 되기에 이르렀다. 한국 무용계는 새로운 것을 받아들이기 위해선 기존 틀을 부숴 없애야 한다는 패러다임 전환기를 맞이하게 된 것이다. 주지하다시피, 당시 한국무용계가 추구하였던 신무용이란 유럽무용의 진보적 사상을 널리 수용하는 일이었고, 이는 기존 고전적 발레 형식에서 벗어나고자 했던 독일 무용계로부터 시작된 이른바 Central European Dance에 기반을 둔 것이었다. 이러한 무용예술 형태와 구조가 한국사회가 요구하는 새로운 표현방식과 결합하여지면서 한국무용의 패턴은 유럽풍 사상으로 점철됐다. 그러면서 이 시기 이루어졌던 한국무용의 새로운 패러다임 전환 속에는 외래춤 수용과 전통춤의 거부라는 이원론적 사고가 바탕이 되고 있었다. 새 시대에 부합할 수 있는 유럽풍 신무용이 한국 춤 예술의 새로운 샛별로 떠오름과 동시에 과거의 춤을 청산하는 일은 숙명적이었다.

들어온 춤 형식이 기존의 것과 충돌하면서 갈등을 일으키며 기왕의 것을 잠식해 나가자, 전래의 것을 지켜야 한다는 반론적인 역 현상이 일어나게 되었다. 새로운 것은 받아들이되 과거의 것 또한 고수하여야 한다는 논리가 힘을 받게 되면서 두 축을 접목해야 한다는 논의가 전개되었다. 접근 방식으로는 유입된 외래춤에 한국적 사상을 얹는 것과 전해져온 전통춤에 유럽풍 형식을 넣는 것으로 이원화된 것이다. 양 갈래의 방법론이 수용되긴 하였지만, 실질적인 내용상으로는 새것 수용과 옛것 유지라는 절충형 상태가 되었다.

이로써 유입된 외래춤은 한국적 사상을 담아냈다. 그래서 유럽풍 형식의 춤은 신무용이라는 굴레를 쓰고 당시의 무용계를 주도하게 되었다. 그러면서 시대춤의 선구자들은 '한국춤의 시대적 부흥'이라는 목표를 향해 교육기관, 무용 단체, 예술단 등을 통해 창작무용 활성화를 도모하고 신무용 범위를 확대해 나갔다. 그러면서 신무용 운동은 춤의 미학, 형태론, 방법론 등을 구체화하면서 한국의 시대적 무용사상 및 철학의 기틀을 마련하는 데 이바지하였다. 전통춤이 이 땅의 오랜 역사와 민족문화를 배경으로 전승 발전되어온 우리네식 춤이라면, 신무용 또한 근현대사와 더불어 시대적 사명감을 띠고 창출된 또 한 무리의 한국 춤으로 각인시키는 데 성공하였다. 그리하여 신무용은 시대적 삶과 사상을 담아내 살아있는 우리 시대의 춤 문화 산물로 받아들여지게 되었다.

이러한 과정에서, 전통춤 또한 신무용에 맞서 유럽풍 형식을 담아내야 하는 시대적 과제를 안고 있었고, 그것은 시대에 걸맞은 변모를 통해 새로운 춤으로의 탄생이었다. 이에, 당시 상황에서의 전래된 전통춤은 숙명적인 시대적 요구를 받아들여야 했고, 또한 절충형 변화의 자세를 가질 수밖에 없었다. 그리하여 전통춤은 다음과 같은 형태로 변화되어 오늘에 이르게 되었다. 첫째, 트인 춤에서 서양식 무대의 정면 춤으로의 변화, 둘째 민중의 삶이 녹아있는 서민의 춤에서 예술철학을 담아내는 고급화된 춤으로의 변화, 셋째 관객과 연희자의 혼합적 흥 또는 한 풀이 형식의 춤에서 관객 주입을 향한 주관적인 감상적 춤으로의 변화, 넷째 즉흥적 춤에서 정형적 춤으로의 변화 등이다.

6. 전통춤의 예술적 가치와 계승자의 사명감

전통춤은 한을 풀고 흥을 돋우는 신명의 미학과 기예 능의 무형적 행위 예술이다. 그래서 전통춤에는 한국예술 고유의 본질과 특성이 존재하는데 그것은 다음과 같다.

첫째, 전통춤은 한국인의 정신과 사상 그리고 감정과 정서를 표출한다. 둘째, 전통춤은 즉흥성과 현장성이 허락되는 민주적인 몸짓의 예술이어서 정해진 형식보다는 시공간 상황에 따라 자유롭게 펼쳐진다. 이는 전통춤이 개방적이고 융통성이 허락되는 춤임을 뜻한다. 셋째, 전통춤은 흥을 돋우고 한을 풀어내는 신명의 기틀이다. 춤추는 자는 흥을 돋워 냄으로써 예술의 완성을 꾀하고 신명풀이를 통해 관객은 맺혔던 한과 슬픔을 풀어내게 된다.

이러한 구조하에서의 전통춤은 살아 숨 쉬는 현재적 예술이다. 전통춤의 시제時制를 보는 것은 현재이고 이를 행하는 자는 오늘을 사는 현대인이기 때문이다. 돌이켜 보면, 그동안 전통춤에 대한 인식과 접근이 잘못되었던 부분이 있었던 게 사실이다. 전통춤을 바라보는 시선은 경직되고 편협하여서 이를 마치 박물관 전시장에서나 만나게 되는 정형화된 박제품처럼 여기거나 과거의 형식만을 되풀이하고 있는 고전품처럼 여겼다. 그래서 전통춤을 과거에 머물러 종전 행위와 상황을 반복하거나 복사함으로써 오늘에 소관된 것이 아닌 것으로 여겼다. 그리하여 지난 시대의 잔재였거나 자생적 전승력이 지난 과거 어느 시기에 단절된 채 당시의 것을 그대로 재현하고 있는 이른바 고전적 형식의 것으로만 간주하였었다.

전통춤은 지나온 어제와 작금의 시간 그리고 다가올 미래의 상호 연관적 함축선을 총괄하는 개념 속에서 얻어지는 무형문화의 소산이다. 그래서 전통춤은 물려받아 향유하고 다시 창조돼 나간다. 이러한 논리 속에는 지금까지 이어져 온 전통춤이 전달자를 전통적 모습으로 규정짓는 것이 아니라, 그것에 전달자 가치관을 유입시켜 전통성을 부여받는 것이다. 이를테면 전통춤이 아름답고 영예스럽고 자랑스러운 것이기에 전통춤 전승자가 대접받는 것이 아니라, 전승 주체적 소임을 올바르게 이행함으로써 물려진 유산이 자연스럽게 승화된다는 것이다. 그러므로 전통춤의 주체는 전달자인 계승자이다. 계승자가 없으면 전통춤은 살아남지 않을뿐더러 전달되지도 않는다. 고로 전통춤은 오늘을 사는 계승자 또는 전승자가 새로운 환경에 적용하면서 오늘의 의미를 부여하여 창조해 낸 현시점의 것을 의미한다. 주지하다시피, 종전까지는 외면적인 유형적 유산에 관심이 집중되었지만, 이제는 그 형체 속에 담겨있는 내면적인 무형적 유산에 대해 관심이 쏠리고 있다. 이를테면 건축물의 경우, 누가 언제 어떻게 지었는지에 대한 기록은 무시되다시피 하였다. 내면세계를 중시하게 된 오늘날에는 시각적으로 보이는 건축물과 더불어 그것을 건축한 장인 또는 건축가에 대한 중요성이 강조되고 있다는 것이다. 건축가는 무형적 기술을 갖고서 건축물을 완성하였으며, 그가 소유한 건축기술은 대단히 중요한 것이다. 이러한 예를 보더라도 전통춤에서 전승자에 대한 중요성은 강조되지 않을 수 없다.

유형적 문화재는 껍데기에 비유되고 이를 계승하는 자는 알맹이에 비유될 수 있다고도 한다면, 무형적 문화재로서의 전통춤을 계승하는 전승자의 중요성은 대단하다. 이러한 관점에서, 4대 명무의 시대적 소임과 그들이 역할 하여 온 전통춤 계승자로서의 시대적 사명감은 오늘을 사는 우리에게 본보기가 된다. 결국, 근대사회에서의 전통춤 4대 명무는 오늘날 민족춤 길잡이로 우뚝 선 근대사회에서의 전통춤 선구자이며, 그들로 인해 극대화된 전통춤의 가치와 위상은 민족춤의 무한한 원동력이 되는 원기소와도 같다. 결국 4대 명무가 전승한 전통춤은 안으로는 한민족 춤 정신을 계승 발전시킨 근본이 되는 것이요, 밖으로는 한민족 춤 예술의 우수성을 지구 전역에 전파하여 세계인과 더불어 한국 문화를 공유할 수 있는 기틀이기도 하다.

7. 4대 명무와 전통춤의 본질

앞서 논한 바와 같이, 전통춤은 과거 · 현재 · 미래의 시간적 연결통로에서만이 그 진정한 의미가 있는 것이다. 그리고 이것의 핵심은 전승에 있는 것이다. 이로써, 전통춤은 전승될 수 없는 유형적 유산과는 전혀 다른 의미로 개념화되어야 한다. 즉 전통춤은 유통되고 소유하는 유형적 유산과는 달리 전승하고 소통된다는 것이다. 전통춤의 이와 같은 본질을 볼 때, 현재 전승되고 있는 전통춤은 개인이 독점하거나 막힌 공간 속에 박제화되어 있는 것이 아니라 여러 사람이 공유하고 열린 공간에서 공유되어야 한다. 그래야만 전통춤은 현재를 사는 문화전달자 삶 속에서 내일을 비추게 하는 미래 사상으로 점철될 수 있고 또한 이를 바탕으로 새로운 창조의 삶을 끌어낼 수 있는 원동력이 될 수가 있다.

전통춤은 현재에도 적합성을 갖고 있으면서 미래를 약속하는 무형적 유산이다. 그러므로 전통춤 속에 미래의 지표가 있다고 하는 긍정적 구도를 끌어낸다고 한다면 이는 새로운 미래지향적 창조의 밑거름이 되는 데 큰 힘으로서 역할 할 것이다. 따라서 전통춤을 지켜야 한다는 것은 옛것을 그대로 반복하고 되풀이하는 것이 아니라 옛것을 바탕으로 오늘의 것으로 부단히 발전시켜 나감이다. 이러할 때 비로소 우리는 전통춤을 계승한다고 말할 수 있다. 왜냐하면, 전통춤은 머물러 있는 것이 아니라 시류에 맞춰 늘 변화되기 때문이다.

전통춤은 한국 전통문화의 대명사이다. 이는 국내는 물론이거니와 세계무대에도 익히 잘 알려져 있다. 그리고 전통춤은 지난 수년 동안 한국 문화가 대중성과 세계성의 가능성을 확인해 주는 좋은 계기를 제공하였다. 이제 전통춤은 범세계적 차원에서 향유되고 세계인의 안목에서 논의돼야 할 때이다. 따라서 전통춤에 녹아 있는 우리 민족의 정신적, 감성적 특성과 전통춤 계승자의 철학과 사상이 진하게 드러날 수 있는 진흥책과 이를 현현할 수 있는 범국민적 차원의 전통춤 축제를 제정해야 한다. 그래야만 전통춤이 한국의 민족문화유산으로써 명판을 걸고 세계화로 나갈 수가 있다.

전통춤의 축제화 그리고 세계화 작업은 이것이 어떻게 오늘을 살아가는 현대인 그리고 세계인의 삶에 도움이 되고 어떠한 원동력이 될 수 있을 것인가를 논해야 한다. 이러한 과제는 단기간에 걸쳐 조잡하게 만들어진 '깜박 문화'로 전락하지 않기 위해 장기적 안목에서 대형 프로젝트로 다루어져야 한다. 더불어 범국민적 그리고 국제적 안목의 폭넓은 논의를 통해 현대인 그리고 세계인이 공감할 수 있는 미래지향적 기획과 실천의 방법론이 구축되어야 할 것이다.

8. 맺는말 - 4대 명무의 위대한 전통춤 계승 그리고 위상

우리나라의 전통춤 생성과 발달은 고대사회 신앙의례로부터 시작되었고, 그것이 원동력이 되어 오늘날과 같은 춤 예술의 꽃을 피우게 되었다. 한국 전통춤의 대표성을 갖는 살풀이춤, 도살풀이춤, 승무, 태평무는 애초 전래 무속이나 불교 신앙의례로 시작된 춤이었지만, 시대를 거치면서 예술 미학적으로 극대화되어 오늘에 이른 것이다. 이로써 신앙의례는 예술을 탄생시키는 주요한 기반이며 토대가 되는 것은 물론이고 예술성을 부각하는 모체로서도 역할을 하고 있음을 알게 한다. 역으로, 신앙의례 또한 승화된 예술을 받아들임으로써 그 행위의 정당화를 심화시키곤 한다. 고로 신앙의례와 예술은 상호 간 협력, 협조, 협심, 협상하는 상관관계로써 서로의 발전적 계기를 마련하는 불가분적 원리에 묶여 있다. 이러한 원칙 구조 아래서 전통춤의 발전은 이루어지는 것이고 그 의미에 담긴 예술적 가치는 삶의 믿음과 실천을 안고 있는 문화의 한 면을 채우게 된다.

근현대사에서의 4대 명무가 극대화한 예술 그리고 그들의 전승 활동은 사회적 및 문화적 격동기와 변환기에 맞물려 전개되었다.

서양 문물이 본격적으로 유입되는 20세기 초·중엽, 춤을 포함한 우리의 모든 유·무형유산은 전통과 현대의 문화적 충돌 및 변천 속에서 시대성을 참작하여 재탄생한 것이다. 이 땅에 전래하여 온 토속적 전통과 외부로부터 유입되어온 외래적 현대와의 대립 선상에서 문화적 갈등을 일으키며 서로 융합되기도 하고 동화되기도 하는 이른바 문화 주도권의 쟁탈전을 거쳤다. 그러면서 적지 않은 전통의 것은 없어지거나 현대와의 타협을 거쳐 새롭게 재탄생되었다. 전통춤의 경우, 4대 명무의 끊임없는 공연 및 전승 활동을 거쳐 오늘날과 같은 전통춤으로 남겨진 것이다. 이들은 문화 정체성을 살리되 시대적 요구에 따른 현재적 외래 형태를 수용함으로써 새로운 문화 양상의 창출을 도모하는 데 앞장섰다.

이와 같은 시대적 변천 과정에서의 4대 명무의 노력은 권번, 재인청, 신청, 굿청 등에서 내 뒹굴던 전통춤이 시대적 운명과 사명을 안고 새롭게 다듬어져 현재적 전통춤으로 되살아나게 한 것이다. 이로써 시대를 배경으로 한 4대 명무의 전통춤의 예술화 및 전승 과업에는 시대를 열어가는 몸부림이 담겨있다. 그러면서 여기에는 옛것만을 본떠서 반복하는 것보다는 옛것을 바탕삼아 오늘의 것으로 부단히 발전시켜 나가려는 선구자들의 미래 안목이 서려 있다. 이들의 선구적 노력을 통해 전통춤은 머물러 있는 것이 아니라 새롭게 그리고 새로운 주체를 통해 가변 되는 속성을 갖는다. 이로써 전통춤의 활성화는 지속한다. 그리고 이러한 전통춤론에는 과거와 현재 그리고 미래가 담겨있는 이른바 보수 진보의 포괄적 개념이 담겨져 있는 것이다.

4대 명무는 다듬어지지 않은 향토문화를 제도화되고 구조화된

규범 속에 넣어 '무형유산'이라는 시대적 유산으로 승화시켜 활동의 범위를 넓혔다. 그리고 그들에 의해 갈고 닦아져 온 전통춤은 철저하게 민족성을 중심으로 고증돼 살아 숨 쉬는 한국인의 춤으로 되살아나게 된 것이다. 그리하여 전통춤이 하나의 시대적 무형유산으로만 끝나는 것이 아니라 실험적이고 실천적 범주에 담겨져 범국가적 및 세계적 차원에서 다루어지게 되었다. 이는 전통춤의 세계화 기틀을 마련한 것으로 평가된다.

4대 명무가 남긴 전통춤 유산에 대한 가치를 올바르게 지키고 그 위상을 높이는 것은 오로지 올바른 보존 전승과 범국민적인 확보에 의해 가능한 일이다. 보존 전승의 성공 여부는 철저한 관리와 활용, 또는 응용 여부에 달려있다. 그리고 범국민적 공유성의 확보를 위해서는 개인적인 사유화나 지나친 상업성을 배제하고 철저한 전승계보에 의해서 지속적으로 보존 육성되어야 가능해질 것이다.

김영희

한영숙 춤의 배경과 무용사적 의의

1. 시작하며

한영숙韓英淑(1920.2.2.-1989.10.8.)은 한국 전통춤 중 민속춤의 맥락을 전승한 중심적인 춤꾼이다. 그의 조부 한성준이 기생·재인·광대들이 추었던 민속춤들을 20세기 전반기 근대로 접어든 시기에 공연예술의 일환으로 기틀을 잡았다면, 한성준의 정통 후계자인 한영숙은 20세기 중후반에 한국춤계와 한국공연예술계 전반에 우리의 민속춤을 자리매김하는데 선두에서 큰 역할을 하였다.

한영숙에 대한 연구 성과가 풍성하지만, 총체적이지 않다고 본다. 한영숙의 춤 유산이 다양함에도 불구하고, 승무, 살풀이춤, 태평무를 중심으로 이 춤들의 구성, 춤사위, 사상적 배경 등의 연구에 치우쳐져 있기 때문이다. 이러한 연구 경향은 우리 전통춤계의 관심이 무형문화재 제도라는 틀에 의해 지정된 세 가지 종목에 집중되어 있고, 춤 자체를 지키는 것에 크게 의미를 두었던 20세기 후반 춤계의 흐름에서 춤의 외형적인 부분에 치우쳐 있기 때문이다. 사상적 배경에 대한 연구는 조선시대까지 이어진 한국의 사상적 틀에서 벗어나지 않았다. 그리고 한영숙에 대한 관심은 근대시기 한성준의 업적에 대한 관심과 연구에 가려져 있어서, 20세기 중후반 시대의 흐름 속에서 한영숙이 행했던 예술활동들이 전체적으로 조명되지 않았다.

하지만 현재 민속춤계는 한영숙의 활동과 교육에 의해 꽃피고 가지가 뻗어나갔으니 한영숙에 대한 종합적인 관심과 연구가 새롭게 필요하다고 하겠다.

한영숙의 예술 생애를 정리한 연구를 살펴보면, 이애주는 한영숙의 춤 활동을 입문(1932) 이후 한성준 문하에서 활동한 시기를 초기 활동(1937-1941), 한성준 별세 후 독립하고 승무의 문화재 지정 전까지를 중반기 활동(1942-1968), 승무 문화재 지정부터 선생의 별세까지를 후반기 활동(1969-1989)으로 구분하였다.[1] 그리고 김명숙은 유년기(1920-1932), 춤 입문기(1933-1941), 춤 활동기(1942-1968), 춤 완성기(1969-1975), 후학 양성기(1976-1989)로 정리했다.[2] 예술 생애에 대한 각 분석에서 공통적으로, 1932년부터 세습 예인이며 민속악무 전반을 꿰고 있었던 한성준의 문하에 입문해서 학습했다는 점, 1941년에 춤의 스승인 한성준의 별세 후 홀로서기를 했다는 점, 1969년에 춤 분야에서 승무의 예능보유자로 지정되면서 춤 분야

1) 이애주, 「한영숙 춤의 성립 배경과 특성」, 『한국미래춤학회 연구논문집』 4권, 1998.
2) 김명숙, 「한영숙 춤의 특질과 예술세계」, 『무용예술학연구』 22집, 한국무용예술학회, 2007.

에서 본격적으로 활동을 펼치게 됐다는 점을 들면서, 해당 시기를 한영숙의 예술 생애의 커다란 전환적 시점으로 구분했다. 이러한 시기 구분에 대체로 이견이 없을 것이다. 다만 그 사이사이 창극과 여성국극이 번창할 무렵 안무로 참여한 일이나, 1960-1970년대 초반의 창작작업에 대한 연구성과는 별로 보이지 않는다.

이번 발표는 한영숙의 작품에 대한 논의보다 그의 춤 활동의 맥락을 짚어보는 데 집중하고자 한다. 한영숙 춤의 연보年譜를 따라서 그의 춤의 역사적 문화적 배경들을 살펴보고, 그동안 주목받지 못한 활동들을 거론해 볼 것이다. 그러한 과정에서 한영숙 춤의 한국무용사적 의의가 선명해질 것이라고 생각한다.

2. 한영숙 춤의 배경

벽사碧史 한영숙의 예술행적과 가치를 올바로 이해하기 위해서 선생이 활동했던 과정과 사회적 흐름을 함께 살펴보아야 할 것이다. 우선 한영숙의 연보年譜를 따라가면서 춤의 환경과 배경을 가늠해보고자 한다.

1920. 2. 2.	충남 천안 출생.
1932.	홍성 갈미보통학교 중퇴.
1932.	13세에 한성준(韓成俊)에게 입문.
	〈승무〉로부터 춤 공부 시작.
1935.	한성준 1회 발표회 때 한영숙은 부민관 맨 앞자리

	에서 관람.
1937.12.	한성준 중심의 조선음악무용연구회 설립에 참여.
1938. 5. 2.	향토연예대회 중 「고무용대회」에 〈살풀이춤〉 (한영숙 이강선 장홍심) 출연.
6.23.	朝光會 주최 「고전무용대회」에서 〈살풀이춤〉 (한영숙 이춘경 이선 장홍심) 〈군로사령무(軍奴使令舞)〉 〈농악〉 출연
1939. 2.22.- 3.19.	조선음악무용연구회 「남선순업공연」에 참가
1940. 2.27.	부민관에 올린 「도동기념공연」에서 〈검무〉(한영숙 강춘자), 〈단가무〉(한영숙 조금향), 〈한량무〉(한영숙 강춘자 김일선 조남홍), 〈살풀이춤〉(한영숙 강춘자), 〈태평무〉(한영숙 강춘자), 〈도라지타령무〉(한영숙 강춘자), 〈바라무〉(한영숙) 출연
7.	조선음악무용연구회 주최 동경 히비야공회당 공연 및 6개 도시 순회공연에 참가.
1941. 5.	스승 한성준이 70세 때 모던日本社의 '조선예술상'을 수상하면서, 한영숙을 4대에 이어진 한성준의 예맥을 잇는 정통의 계승자라고 내외에 밝힘.
1942. 7.12.-14.	조선춘추사 주최 조선음악협회 합동후원으로 일류를 총망라한 '조선음악무용의 대제전'(부민관)에서 〈승무〉로 출연.
8.13.-16.	매일신보 주최 '독자위안 명창명무대회'에서 임소향(林素香)과 함께 〈승무〉 출연.

한성준과 한영숙의 모습(1941)
연낙재 제공(연합뉴스 사진)

1943. 총독부 지시로 북선 만주 위문공연 참가. 노래 악극 무용 등으로 이루어진 단체에서 출연 및 안무. 양산도 무당춤의 군무.

10. 2.-7. 동일창극단의 창극 〈춘향전〉, 〈추풍감별곡〉에서 안무 및 출연.

1944. 황병열과 결혼.

1945. 주한 미군장교 위문공연 참가. 명동 시공관.

1948. 여성국악동호회에 참여하며 여성국극에서 안무.

1950. 서울에서 은둔 중 북한군 인민예술단에 폐병 3기로 속이고 평양행 거절. 서울 수복 전 인민군 앞에서 공연.

1951. 사촌동생 최동명의 도움으로 피난.
대구에서 건국위문단 일원으로 지방순회공연.

	박귀희 김소희 창극 〈가야금〉에서 안무.
	대구생활 5년 후 상경.
1955.4.	조선일보사 주최 제1회 명인명창 국악대회에 출연.
	박귀희 · 박초월 등과 서울 돈암동에 개설한 한국 민속예술학원에서 무용 교사.
11.29.	민속예술학원 첫 발표회에서 제자가 승무로 출연.
1960.	박헌봉 · 박귀희 등과 국악예술학교 설립에 동참. 무용 교사.
1961.	한국무용협회 결성에 참여. 서울시 문화위원 위촉.
1962. 4.11.	서울시민회관 주최 동아일보사 후원 한국국악예술 협회 '명창명인대회'에서 〈승무〉 출연.(악사 김재 선 이충선 이정엽 지영희 김광식)
1962.	재일교포 위문공연
1963. 1.23.- 4.27.	아시아재단 후원 미국 30개주 순회공연에 참가.
1964. 6. 4.	동아일보사 주최 제3회 명창명인대회에 〈승무〉 출연.
	삼천리가무단의 일원으로 미국공연.
1965. 6.	동아일보사 주최 제4회 명창명인대회에 〈살풀이〉 와 〈승무〉 출연.
1966. 9. 3.-4.	한영숙무용발표회. 국립극장에서 14개 작품 발표. 〈승무〉 〈태평무〉 〈학무〉 〈살풀이—飛燕舞〉 〈민속 무용기본동작〉 〈금삼(錦衫)의 피〉 〈戰爭과 女心〉 〈幻想〉 〈古宮?花〉 등.
1967. 3. 8.	서울시문화상 〈살풀이—飛燕舞〉로 수상
1969. 7. 4.	중요무형문화재 제27호 〈승무〉의 예능보유자 지정.

舞踊評

古典의 正直한 使徒

韓英淑舞踊發表會

〈살풀이〉를 추는 한영숙 여사
『동아일보』 1966.9.8③

11.19.	강선영 무용발표회 〈수로부인〉에 수로 어머니로 출연.
1970.	일본 엑스포 '70 한국관 공연에 출연.
1971. 1. 8.	중요무형문화재 제40호 〈학춤〉의 예능보유자 지정. 춤계의 독보적 지위.
1971. 4.19.-20.	국립극장 주최 인간문화재 합동민속놀이에 〈승무〉로 출연.
6. 7.-8.	한영숙무용발표회 〈法悅曲〉 공연. 프로그램은 〈춘앵전〉 〈칼춤〉 〈살풀이〉 〈학춤〉 〈달〉 〈탈춤〉 〈태평무〉 및 〈승무접속무 법열곡〉. 출연 한영숙 이애주 정재만 이항제 전정자 찬조출연 김천흥 강선영 송범 최현 김진걸
1972. 2.	일본 삿포로 동계올림픽 민속예술제 파견공연.
8.	독일 뮌헨올림픽 민속예술사절단 파견공연.
8.14.-24.	이화여대 2회 무용서머스쿨에 김천흥 김매자와

	함께 한국무용 강사.
1974. 3.	수도여자사범대학 무용과 조교수 발령.
3. 1.-5.	국립극장 소극장 종합공연 3부(민족예술의 향연) 무용에서 〈승무〉 출연.
1975.	광복30주년기념 일본 순회공연 및 오끼나와 해양박람회 '국가의 날'에 출연.
4.-6.	국립극장 주최 '토요민속제전'에 〈승무〉와 〈살풀이〉로 출연.
11.15.	제2회 중요무형문화재발표회에 〈학무〉에 한영숙과 이홍구, 〈승무〉에 한영숙과 정재만, 그리고 〈살풀이춤〉에 한영숙 출연.
1976. 6. 5.	동아일보 국악협회 공동주최 7회 명창명인대회 〈살풀이〉로 출연 승무 1기 이수자 이애주 정재만 배출.
1978.	세종문화회관 개관공연 승무 살풀이. 간경화 앓기 시작.
1979.10.16	제10회 중요무형문화재발표회에 〈승무〉, 18일에 〈학무〉 출연.
1980.	예술원상 수상.
1981.	서울시립무용단 한국명무전 출연.
1982. 6. 3.-4.	서울시립무용단 12회 정기공연 한국명무전에 〈승무〉 출연.
11. 2.	문화재보호협회 주최 인간문화재대전 둘째 날 5대 명무(진주검무 승전무 승무 처용무 학무)에 출연.

1983. 3. 무형문화재예술단 창단에 참가. 국립극장 종신단원, 무용협회 고문.

1984. LA올림픽 문화예술축제 참가. 아메리칸 댄스페스티벌 참가.

11.12. 국립극장 주최 '84무용예술큰잔치에 〈태평무〉 출연.

1985. 7. 하와이대학 국제의 날 행사 참가.

10. 한국무용협회 주최 '6회 무용대상' 수상

10.23. 한국전통무용단 창단공연에 〈승무〉 출연.

1986. 4.11. MBC-TV TV 문화기행「춤과 함께 한평생—한국의 명무 한영숙」 방영.

한성준의 〈태평무〉
『조선일보』 1939.11.8.

〈한국민족문화대백과사전〉 '한영숙'
http://encykorea.aks.ac.kr/

6.	아메리칸 댄스 페스티벌 초청, 이매방, 이애주와 함께 '전통춤의 밤'에 출연. 뉴욕한국문화원 LA 한국문화원 공연.
11.23.	한길무용회춤판에 한영숙 특별출연.
1987.10.11.	9회 대한민국무용제 전야제 명무전에 〈살풀이〉 출연.
1988.10. 2.	서울올림픽대회 폐막식에서 살풀이춤을 추었다. 모두가 숨을 죽이며 지고(至高)의 몸짓에 경탄을 했으니, 한영숙의 공식적인 마지막 춤판이었다.
1989. 4.	칠순기념 연회에서 김소희 구음에 맞춰 즉흥춤을 추었다.
10. 7.	소천(召天)하셨다.

이상 1920년부터 1989년까지 한영숙의 연보에서 춤 활동의 면면을 이해할 수 있으며, 한영숙 춤의 토대와 배경을 정리해보고자 한다.

1) 춤의 뿌리는 한성준

한영숙의 유년시절에 전통예인들이 아직 활동하고 있었다. 물론 활동방식은 이전 시대와 달라져서, 극장을 중심으로 무대에서 공연하거나 유랑하는 협률사의 포장 극장에서 행했으니, 이전 시대의 민속춤이나 연희를 새롭게 꾸며 무대에 올리는 전환적 시기였다. 이러한 흐름에서 1932년 경성에서 한성준 문하에 들어간 것이다.

한성준韓成俊(1875-1941)은 충남 홍성 출신으로 경기 충청의 예맥을 기반으로 갖고 있었고, 이 기반 위에 경성 상경 후 성취한 고수鼓手로서 예술적 역량과 다양한 공연 경험, 또한 민속악무 분야에서 최고의 예인들과 돈독한 인맥을 형성하고 있었다. 한성준은 조선성악연구회 활동과 더불어 1937년에 조선음악무용연구회를 설립했고, 이를 통해 조선춤에 대한 열정을 가시화시켰다. 민속춤들을 집대성해서 세계에 내놓아도 손색없는 조선의 춤을 보여주기 위해 〈승무〉, 〈검무〉, 〈살풀이춤〉, 〈태평무〉, 〈한량무〉, 〈학무〉, 〈훈령무〉, 〈급제무〉, 〈군노사령무〉, 〈신선무〉 등을 정리했고, 이 춤들은 '고전무용古典舞踊'의 정수로서 인정받았던 것이다.

이러한 성과가 한영숙에게 학습되고 계승되었으며, 한성준이 1941년 70세 때 모던日本社의 '조선예술상'을 수상하면서, 4대에 이어진 한성준의 예맥을 잇는 정통의 계승자임을 내외에 밝혔던 것이다.[3] 한성준 사후에도 한성준의 동료였던 이동백, 김창룡, 오태석, 김연수, 박록주, 김소희, 임소향 등이 참여한 공연에 한영숙은 당당하게 이름을 올렸다. 1942년 7월 조선춘추사가 주최한 공연에서 당시의 일류를 총망라한 출연진용 중 한영숙은 〈승무〉를 추었고, 8월의 매일신보 주최 '독자위안 명창명무대회'에서 임소향林素香과 함께 〈승무〉로 출연하였다. 이후 총독부가 전체 예술인들을 조직해서 파견했던 일본군 위문을 위한 만주순회공연에도 참여했다. 즉 한영숙은 해방 직전 시기에 한성준의 계승자로서 전통공연예술계에서 흔들림 없이 인정을 받았던 것이다.

3) 『경성일보』 1941. 5. 8.

이러한 공인公認은 이후에도 이어졌다. 1966년 한영숙이 올린 무용발표회에 대해 조동화는 "【고전古典의 정직正直한 사도使徒 한영숙무용발표회】 서구사조의 물결이 이 땅에 휩쓸어 모두를 신식 춤에만 매혹되던 신무용기에 혼자서 우리 춤을 지키고 흩어진 민속 무용을 집대성한 거장 고 한성준 옹의 손녀 한영숙여사의 이번 무용발표회는 우리 춤의 운치와 자랑스런 전통을 보여준 좋은 본보기였다."[4]라 했다. 한영숙을 고전무용의 정직한 사도, 즉 헌신자로 소개하면서 우리 춤의 멋과 진수를 옳게 보여주었다는 것이다.

국악계 인사들도 한성준의 활동과 한영숙의 성장과정을 익히 보아왔기에 주저 없이 한영숙과 예술적으로 교류했었다. 한성준이 성취한 전통춤 레퍼토리와 전통춤의 정신과 기법이 한영숙 춤의 뿌리였던 것이다.

2) 일제 강점 치하의 예술 활동

한영숙은 일제 치하에서 태어나 춤을 배우고 공연했으니, 그의 활동도 일제의 영향을 피할 수 없었다. 1940년 일본 순회공연 중 동경 히비야공회당의 공연이 끝난 후 조선의 유학생, 징용병 등을 만나 눈물 흘리며 조선의 옷, 조선의 이름을 간직하라는 당부를 받았다. 또 1943년 총독부의 강압적인 지시에 의해 만주에 주둔한 일본군 위문공연에 참가했고, 이 과정에서 동포들의 어려움을 보며 설움과 한을 가슴에 남겼다.

---

4) 『동아일보』 1966. 9. 8 ③.

일제의 정치적 제도적 탄압과 이에 따른 민족의 비애가 한영숙의 춤에도 반영되었을 것이다.

3) 서구화와 서양춤의 도입에 영향 받은 활동

개화 이후 1900년대에 들어서 서구 문화와 서양 춤이 수입되었다. 신식 학교의 교육무용, 외교관이나 유학생을 통해 들어온 서양 Fork Dance와 사교춤, 또 모던댄스 등의 서양춤들이 물밀 듯 수입되었다. 결정적으로 1926년 이시이 바쿠의 신무용 도입으로 인해, 춤은 무용이란 용어로 대체되었다. 무용은 선진적인 문명인이 알아야 할 예술로 인식되었고, 춤은 후진적인 비문명인의 기예로 비하되었다. 이러한 와중에 한성준이 조선음악무용연구회를 설립해 조선춤의 명예를 회복하고자 했던 것이다.

하지만 한국전쟁 이후에도 더욱 서구화, 도시화, 산업화되며 우리 춤의 토대는 점점 약화되었다. 기생 · 재인 · 광대의 예인들은 세상을 떠났거나, 그 후예들은 예인으로서 생계를 이어나가기도 어렵고, 부정적인 사회적 인식 때문에 자신의 과거사를 숨기기도 했다. 다만 1962년 제도적으로 문화재보호제도가 제정되면서 전통예인에 대한 관심이 간신히 움튼 것이다. 그렇다하더라도 예술적으로 궁핍하기는 크게 변함이 없었고, 1969년에 한영숙이 승무의 예능보유자로 인정되면서, 전통공연예술의 예인들은 간신히 숨을 쉬기 시작했고, 1980년대 초 '한국명무전'을 계기로 전통예인으로서 자리를 되찾고 사회적으로 인식되기에 이르렀다.

즉 한영숙은 1932년 한성준 문하에 들어간 이래 1989년 작고할 때까지 삶 전반에서 서구 지향의 예술 사조에 마주했던 것이다. 조선일보와의 인터뷰에서 한영숙은 "(전통춤을) 자꾸만 들려주고 보여줘야 퍼지고 알게 될 터인데, 그 길이 적으니 ??할 밖에요. TV만 해도 나와 흔드는 춤만 방송하고 또 그런 것만이 인기를 모으는 형편이니까."[5]라 했다. 대중의 취향이 이미 서구화되어 전통춤이 뒷전에 밀리는 점을 안타까워했고, 1970년대 후반부터는 창작춤의 바람을 맞으며 전통춤의 수호에 노심초사했다. "선생에게 한국무용을 배운 제자들이 젊었을 때 여러 가지를 시도해보겠노라고. 언젠가는 본 데로 돌아가겠노라고 하는 것을 놓고, 그들의 몸이 그동안 흐트러져 버릴 것을 염려하고, 또 그러한 국적불명의 춤을 보면서 자란 어린이들이 한국무용을 그릇되게 알지나 않을까 우려했다."[6]고 한다.

본인 또한 1960년대 신무용, 신흥무용이 춤계를 석권하고 풍미하고 있을 때 그 영향에서 벗어나지 못했다. 1966년에 올린 '한영숙무용발표회'에서 전통춤 외에 〈금삼錦衫의 피〉, 〈戰爭과 女心〉, 〈幻想〉과 같은 창작품도 선보였다. 물론 이 창작품들에 대한 평가는 좋지 않았다.[7] 이후에 한영숙은 창작품 작업을 하지 않았다.

이렇게 전통춤이 바람 앞의 촛불처럼 불안한 와중에 한영숙은 가장 선두에서 이러한 과정들을 몸소 겪었던 것이다. 한영숙 춤의 여정에는 서양화, 근대화, 도시화를 겪었던 20세기 후반의 사회문

5) 『조선일보』 1966. 8. 28 ③.

6) 서길원, 「예순 지나서야 춤 철학 터득; 원로 韓英淑 무용가를 찾아」, 『藝術界』 27호, 한국예술문화단체총연합회, 1987.8, 253쪽.

7) 평론가 박용구는 "〈금삼(錦衫)의 피〉 같은 작품은 비속화(卑俗化)한 무대무용에 한눈을 팔았다가 실패한 것이라고 보겠다."(『경향신문』 1966. 9. 14 ⑤)

화적 흐름이 깔려있었다.

3. 한영숙의 근현대무용사적 의의

한영숙이 온 몸으로 통과했던 20세기는 정치 경제 문화적으로 격동激動하는 변화변혁의 시대였다. 그러한 과정에서 전통무용가 한영숙이 겪었던 과정과 활동의 성과는 근대와 현대를 아우르는 무용사적 의의가 매우 크다고 하겠다. 그 의의를 정리해보고자 한다.

1) 20세기 중후반 전통춤 중 민속춤의 자리매김에 기여하였다.

한영숙은 20세기 전반에 한성준에게 여러 종목의 춤들을 배웠으며, 해방 전후에 여러 무대에서 공연했었다. 그런데 한국전쟁과 서구화 등의 이유로 전통춤 전반은 단절의 위기에 처하고, 무대와 관객을 잃은 전통춤과 전통춤꾼들은 몹시 궁핍한 처지에 놓였었다. 하지만 한영숙은 한성준에게 이어받은 춤들을 잊지 않고 춤으로써, 1969년 승무의 무형문화재 지정과 예능보유자 지정을 가능하게 했다. 이 지정은 한영숙 개인의 춤 뿐만이 아니라 전통춤 중 민속춤의 자리매김을 선도한 것이라고 하겠다.

이로써 한영숙 이전에 한성준, 한성준 이전에 예기藝妓들이 추었던 조선춤의 명맥이 이어질 수 있게 된 것이다. 또한 한영숙의 동년배 전통춤꾼들이 선대의 춤을 지킬 수 있도록 영향을 미친 것이다. 그리고 한영숙은 많은 제자를 길러내서 이 민속춤들이 번져 나가는 데 매우 큰 역할을 했다.

한영숙에게 '한국춤의 대모'라는 별칭이 있다. 그 의미는 여러 가지로 해석될 수 있다. 발레나 현대무용과 같은 서양춤에 대응하는 '한국의 전통적인 춤'을 대표하는 상징적 인물로서 대모代母일 수 있다. 또는 한국 창작춤에 있어서 내용과 형식의 아이디어를 풍부하게 담지한 원천적인 인물로서 대모大母일 수 있다. 한영숙의 활동은 전통춤의 맥을 잇고, 전통춤 중 민속춤 영역의 자리매김에 기여한 것이다.

2) 승무 · 살풀이(춤) · 태평무 · 학무를 정착시켰다.

한영숙은 한성준에게 학습 받고 1938년부터 공연한 승무, 살풀이(춤), 태평무, 학무를 전통춤의 레퍼토리로 안착시켰다.

〈승무〉는 한영숙의 춤에서 가장 핵심적인 춤이다. 한성준 사후 지속적으로 승무를 추었고, 1950, 60년대에 '승무' 하면 한영숙을 떠올릴 정도로 독보적이었다. 민속음악학자 이보형은 한영숙의 승무에 대해 다음과 같이 표현했다.

> 【한국의 명인—승무 한영숙여사】 오늘날 한영숙이란 이름 앞에는 '僧舞의'라는 관형사가 반드시 붙는다. 그것은 그의 승무가 다른 어느 것보다 뛰어나게 아름답기 때문일 뿐 아니라 正統을 고스란히 간직하고 있는 까닭이다. 승무의 한영숙—名人된 그를 더듬어 본다.

○ 흔히 韓英淑(48)씨의 승무는 무엇보다도 승무의 전통적인 技法과 내용을 순수하게 간직하고 있다고 말한다. … 그의 조부인 한성준 씨는 판소리의 고수로 명성을 떨쳤을 뿐 아니라 그때까지 잡다하게 전해왔던 민속무용을 체계있게 정리한 민속음악무용에서는 잊을 수 없는 존재. 이 할아버지의 예술적인 천품을 핏줄에 담은 韓英淑씨. 순수한 승무를 그대로 전수받은 것에서 나아가 그에 의해서 표현되는 춤이 또한 고전적인 아름다움을 한껏 살려진 일품(逸品)이란 것은 너무도 당연한 이야기. 허공을 향해 오연(傲然)하게 뻗은 목, 다섯 자 장삼(長衫)을 뿌려 짓는 선율(線律), 날렵한 발동작의 앙상블은 그만이 표현할 수 있는 승무의 백미(白眉).[8]

한영숙의 승무는 전통적인 기법과 내용을 순수하게 간직한 일품逸品이라고 했다. 결국 문화재보호법이 실행되면서 〈승무〉는 국가무형문화재로 지정되어 한국의 미를 대표하는 춤으로 전승되고 있다.

한영숙은 〈살풀이춤〉을 조선음악무용연구회 시절부터 추었고, 1966년 발표회에서 비연무飛燕舞라는 부제로 추기도 했었다. 1988년 서울올림픽 폐막식 무대에서 춘 살풀이춤은 세계인을 숨죽이게 했고, 지고至高의 몸짓에 모두가 경탄했다.

한영숙은 살풀이춤을 "춤의 기본이라는 점에서는 승무와 같지만 우러나올 것이 있어야 출 수 있는 춤으로 보았다. '살풀이는 아무나 추는 게 아냐. 출게 있어야 추는 거지.' 그래서 젊은 사람

8) 『서울신문』 1967. 10. 5.

명무 한영숙 승무
(출처 : 한국학중앙연구원)

들의 살풀이는 맛이 없다는 것이다. 발디딤만 배웠다 해서, 팔놀림을 익혔다 해서 살풀이가 다 되는 것은 아니라는 것이었다."[9]라고 했다.

그의 살풀이춤은 전통춤의 거인으로 쌍벽을 이루었던 이매방의 살풀이춤과는 다른 정조情調를 표현하며 많은 사람의 사랑을 받고 있다. 연극평론가 구희서는 한영숙의 살풀이춤에 대해 다음과 같이 평했다.

9) 정범태 · 구희서, 『한영숙—살풀이』, 서울 : 열화당, 1992, 10쪽.

그의 살풀이는 어둡지 않다. 심각하지도 않고 교만하지도 않다. 다소곳하면서도 위엄을 잃지 않는다. 그의 살풀이는 그의 춤의 여정에서 우러나온 마음처럼 단아한 맛이 있다. 지나치지 않고 처지지도 않고 언제나 중도를 지키고 균형을 잃지 않았다. … 살풀이춤에서 그의 움직임은 손끝 하나의 움직임조차 억지로라든가 지나치다는 것이 없다.[10]

살풀이춤이 어둡지 않고, 교만하지도 않으며, 위엄이 있으면서 단아하고, 균형을 잃지 않았다고 했다. 이러한 정조는 살풀이춤뿐만이 아니라 한영숙 춤 전반이 품고 있는 기품이라고 하겠다. 한영숙의 살풀이춤은 제자 이은주에 의해 서울시 무형문화재로 2014년에 지정되었다.

〈태평무〉 역시 한영숙의 춤에서 빠질 수 없는 춤이다. 한성준이 구성하여 1938년 조선음악무용연구회 공연에서 초연했다. 〈태평무〉는 태평성대에 질탕한 음악에 맞추어 흥겨운 춤을 추어 일월성신과 더불어 평화를 노래하는 춤이라고 설명하였고,[11] 당시에 왕과 왕비가 추는 2인무였다. 한성준은 〈태평무〉의 창작 경위를 “나는 「왕꺼리」를 「태평춤」이라고 하여서 춤 이름을 고치었고, 장단도 찾아내었고, 형식도 조선 고전에 충실하도록 고치었습니다. 두 어깨에다 일, 월을 붙이고, 색색으로 만든 색동다리소매가 있는 활옷을 입고 그야말로 발 하나 드는 것과 다리 하나 뛰어노

10) 위의 책, 8쪽.
11) 『조선일보』 1938. 4. 23.

는 것을 점찬케 유유하게 추는 춤입니다."[12]라 했다. 조선춤의 형식을 유지하며, 춤 이름과 장단을 구성하였던 것이다.[13]

그리고 한영숙은 1972년 삿뽀로동계올림픽 민속예술제에 참가하면서 태평무를 다음과 같이 설명했다.

> 【삿뽀로올림픽 소술제(蘇術祭) 가는 태평무의 한영숙씨】 붉게 물든 수란치마 위에 노란색 당의를 곱게 받쳐입고 다시 그 위에 ??를 드리운 옛 왕비의 옷을 입고 태평성대의 풍류를 춤으로 표현한다. 혼자 박자를 맞추면서 한영숙(사진)씨는 삿뽀로 동계올림픽 민속예술제에 소개할 태평무 연습에 도취되어 있다. "한국무용은 호흡과 함께 그 포인트를 팔의 선에 두고 있어요. 그러나 이 무용은 팔의 선보다는 발로만 리듬을 뛰는 발동작에 중점을 둔 독특한 민속무용이지요." 외씨처럼 이쁜 발동작을 표현하는 것이 이 무용의 생명이란다. … "승무가 한국적인 정적미를 담뿍 담은 무용이라면 이 무용은 율동미에 포인트를 둔 무풍이 웅장하면서도 화려한 무용입니다."[14]

태평무는 승무와 살풀이춤과는 전혀 다른 주제의 춤이며, 의상과 기법도 화려하다. 한영숙은 1970년대부터 태평무를 독무로 추었고, 한영숙과 같이 2인무로 추었던 강선영이 태평무를 조금 다른 구성으로 1988년에 국가무형문화재로 지정되고 예능보유자가 되었다.

---

12) 『조선일보』「조선춤이야기」 1939. 11. 8.
13) 김영희, 『전통춤평론집 춤풍경』, 파주 : 보고사, 2016, 46쪽.
14) 『경향신문』 1972. 1. 15. ⑤.

〈학무〉는 1971년에 무형문화재 40호로 지정되고 한영숙이 예능보유자로 지정된 춤이다. 이 춤을 한성준에게 배웠는데, 조선음악무용연구회 공연에서 아기 학 2마리와 함께 한성준이 직접 추기도 했었다. 그러나 〈학무〉는 현재 〈학연화대합설무鶴蓮花臺合設舞〉로 전환되었다.

구희서는 〈학무〉를 "한성준 옹이 이 춤을 끌어다 무대에 올린 것이다. 장단과 복식 · 춤사위가 궁중에 바탕을 두었으면서도 무용무대로 연결되어 예인藝人의 창작 정신이 가미되어서 완성된 춤이다."[15]라고 평가했다. 일제강점기에 이왕직 아악부에는 학무의 전승이 단절된 상태였다. 하지만 한성준이 창경원에서 학을 관찰하며 만든 학춤이 〈신선무〉(1938)에서 추어졌으며, 한영숙을 통해 계승되었다.

승무 · 태평무 · 살풀이 · 학춤은 간혹 사군자四君子 매란국죽梅蘭菊竹의 품격과 멋에 비유되기도 한다. 이 춤들은 한성준이 정리 내지 창작한 춤으로서 한영숙을 통해 후세에 전승되었고, 민속춤의 반열에서 확고한 자리를 차지하게 되었다.

3) 한영숙 춤의 류流, 양식을 정립했다.

한영숙의 춤 활동이 갖는 또 하나의 무용사적 의의는 한영숙 춤의 류流, 스타일을 정립했다는 점이다. 한영숙 류는 그의 스승

15) 구희서 · 정범태, 『한국의 명무』, 한국일보사, 1985, 151쪽.

인 한성준으로부터 비롯되었다. 한성준韓成俊(1875-1941)은 고향인 충남 홍성을 중심으로 예인활동을 했으며 충남 내포제內浦制 예맥을 보유하였다. 한성준의 사진을 통해 볼 수 있는 춤의 태態는 반듯하다. 예술적으로 교류가 풍성했던 내포제 심상건 가家의 심화영의 승무 역시 정갈하고 담백하다.

이러한 춤맥이 한영숙에게 이어졌으니, 그의 춤은 부드럽고 유연하며, 단아하고 정갈하다. 또 우아한 중에 맥을 잡는 힘도 있다. 한영숙은 환갑이 지난 즈음에 한국춤의 특징을 다음과 같이 설명했다.

> 한국춤은 뼈 마디마디 속에서 춤의 정신이 우러나야 합니다. 다시 말해 춤의 마디가 뼈 속에서 우러나야 한다는 겁니다. 한국춤은 극히 자연발생적이므로 과장되지 않아야 해요. 또한 얼굴(표정) 중심인 춤이 아니라 발끝이 중심이 되기 때문에 발놀림이 멋들어져야 합니다. 단 내면적인 표현을 하되 질서와 균형을 깨뜨리지 말아야 하죠.[16)]

'한국춤은 자연발생적으로 과장되지 않아야 한다'는 말은 인위적인 동작이나 기법이 아니라 자연스러운 몸쓰임이어야 한다는 것이다. 또 '발끝이 중심'이라는 말은 상체의 너울거림이 중요한 것이 아니라, 단전으로부터 기운이 퍼져나가면서 하체가 단단한 중심을 잡아야 한다는 것이다. '내면적인 표현을 하라'는 말은 춤꾼이 춤을 추는 내적 동기를 충만하게 갖추어야 한다는 것이다.

16) 『매일경제』 1982. 2. 13.

그래서 뼈 마디마디의 춤사위에서 춤의 정신과 심정이 배어나오는 춤이 되어야 한다고 했다.

그래서 무용평론가 조동화는 한영숙의 춤을 다음과 같이 평했다.

> 여사의 춤의 경지는 관중에게 보이기 앞서 스스로 홍겹고 음미하고 도취하며 즐기는 우리 춤의 본질인 내연기(內燃技)와 멋을 남용 않는 세련된 억제의 묘, 그리고 홍이 고조되면 움직임이 본질인 춤의 원칙을 무시하고 멈춰서는 한국춤의 역설수(逆說手)가 무엇인가를 보여준 그런 것이었고, 또 한국춤의 아름다움이 젊은 혈기에 있지 않고 오히려 해묵은 춤사위에 있다는 것을 증명해 주기도 하였다.[17]

한영숙의 춤은 '관중에게 보이기 앞서 스스로 홍겹고 음미하며 즐긴다'는 말은 외형으로 일정한 형상이나 표현에 주력하기보다 위 예문에서 한영숙이 말한바와 같이 정신이 우러나도록 내적인 집중이 훌륭하다는 것이다. 그래서 '멋을 남용하지 않는 세련된 억제의 묘'를 보여주었다는 말은 춤이 진행되면서 증폭하는 기운이나 심정을 그대로 외화시키지 않고 스스로 조절하고 형상하며 춤을 이어가는 경지를 높게 평가한 것이다.

한영숙은 지속적으로 병마와 싸웠던 1980년대 후반에 "나는 할아버지의 춤가락을 바꾸지 않았어요. 그러나 그것이 내게로 와서, 내가 근 60년을 추어내는 동안 뼈 위에 살이 붙듯 내 나름대로의 것이 생기기도 했겠지요."[18]라고 술회했다. 한영숙은 한성준에게

17) 『동아일보』 1966. 9. 8 ③.

받은 충남 내포제 예맥의 춤의 골격 위에 그가 본래 갖고 있는 성품과 인생 여정에서의 경험들이 그의 춤을 완성시켰던 것이다. "내 나름대로의 것이 생기기도했겠지요."라는 말은 한영숙의 춤이 박제화된 유물이 아닌 생동하는 춤이었음을 느끼게 한다. 한영숙류 춤들은 20세기 중후반 한국 전통춤에서 이뤄낸 예술적 성취의 하나였다고 할 수 있다.

4) 전통춤을 기반으로 하여 〈법열곡〉을 발표했다.

한영숙의 춤 활동 중에 무형문화재의 종목 지정과 보존과 관련한 활동이 널리 알려져 있지만, 해방과 1950년 전후 창극과 여성국극이 활황이었던 시기에 했던 안무 작업이나, 1960, 70년대에 신무용이 풍미하던 시기에 했던 창작 작업은 알려지지 않았다. 이러한 작업은 공연예술계의 흐름에 따라 예술적 고민을 형상화한 것이었으며, 그 중 1971년 〈법열곡法悅曲〉은 의미 있는 성과였다.

이 공연은 1부에서 소품의 민속춤 종목을 선보이고, 2부에서 중편의 〈법열곡法悅曲〉을 발표했다. 이에 대해 이두현이 감상을 남겼다.

> 이번 한영숙씨 무용발표회 [프로그램] 제 2부 〈법열곡(法悅曲)〉(僧舞接續舞)을 보면서 우리는 오래간만에 형언할 수 없는 감동에 휩싸였다. 그것은 궁중정재의 아정(雅正)의 기개와도 다르고, 또 무무(巫舞)

18) 서길원, 앞의 논문, 1987.8, 251쪽.

의 엑스터시와도 다른 그야말로 법열의 세계라고 밖에 할 수 없는 것이었다. 〈귀의불(歸依佛)〉에 이어 바라춤, 징(鉦)에 화려하나 태평무까지 곁들인 반주음악에 추어지는 나비춤과 그리고 타주무(打柱舞)에 이르기까지 이것은 분명 남무(男舞)인 상좌춤의 전통이며, 다시 염불에서 타령, 굿거리로 고조되어 간 승무도 가락이 고조됨에 따라 혼신의 힘으로 북을 향해 몸을 던지는 듯한 다이내믹한 춤사위는 귀의불(歸依佛)의 정진과 법열의 표현이 아닐 수 없었다. … 불교 의식무의 법통(法統)이 조선말의 한성준옹으로부터 그 손녀인 한영숙에게 이어져서 오늘 그 제자들과 더불어 무대화되었다는 것은 감개무량한 바가 없지 않다.[19]

〈법열곡法悅曲〉은 '법열法悅'이라는 주제를 형상하기 위해 범패 〈귀의불〉로 시작하여 불교 의식무인 〈바라춤〉, 〈나비춤〉, 〈타주무〉와 교방계열의 춤인 〈승무〉를 이어서 재구성한 작품이다. 그런데 그 정조와 표현이 궁중무의 우아하고 반듯한 기개와도 다르고, 무속춤의 엑스타시에서 느끼는 몰아沒我와도 다르다고 했다. 앞의 과정을 지나 마지막 혼신의 힘으로 춤춘 승무에서 법열을 느끼지 않을 수 없다고 했으니, 관객들은 법열法悅[20]의 환희를 맛보았을 것으로 짐작한다. 이 작품에 대한 호평으로 1971년 문화예술상을 수상했다.[21]

---

19) 『중앙일보』 1971. 7. 13.

20) 설법(說法)을 듣거나 참된 이치를 깨달았을 때 마음속에 일어나는 큰 기쁨을 말한다.

21) 【文化界 '71 결산과 숙제 (12) 무용】 … 지난 6월 오랜 침묵 끝에 한영숙씨가 무대에 올린 〈法悅曲〉은 그 첫 수확으로 기록될법하다. 무형문화재 승무와 학춤의 보유자이며 살풀이에서도 독자적인 경지를 지닌 한씨는 〈법열곡〉에서 불교의식무용의 원

〈법열곡〉을 보지는 못했지만, 전통춤의 유산이 흩어져있던 시기에 불교적 구도求道를 추구하는 전통춤들을 무대 위에 끄집어냈다는 점, 이 춤들을 배치하고 재구성하여 단편으로는 느낄 수 없었던 감흥을 일으키게 했다는 점, 그리고 신무용이니 신흥무용이니 하면서 낯선 소재와 주제를 춤으로 표현하고자 애쓰던 시기에 한국 문화의 심연에서 '법열'이라는 화두를 꺼냈다는 점, 이를 춤 작품화했다는 점에서 의의가 있다고 하겠다. 이는 김천흥의 〈처용랑〉(1959)이나 〈만파식적〉(1969)과 함께 20세기 중반 전통춤의 주요 작품으로 다뤄야 할 것이다.

4. 마치며

이번 발표의 주제는 한영숙의 예술적 배경과 무용사적 의의에 한정되었다. 20세기에 민속춤의 한 맥脈을 뿌리내리게 한 한영숙의 업적과 춤 세계를 필자의 부족한 역량으로는 온전히 이해하기에는 턱없이 부족할 것이다. 다시금 새롭게 조명해보았다는 데 작은 의미를 두고자 한다.

이상에서 논의한 내용을 간단히 요약하면, 우선 한영숙의 연보를 살펴보았다. 이를 토대로 한영숙 춤의 배경에 대해 첫째, 춤의

형을 살린 가운데 무대무용으로 재구성, 승무의 접속화를 시도함으로써 얼핏 보기에는 이질적인 의식무와 관능적인 승무를 하나의 세계로 끌어올렸다는 점에서 평가를 받았다. 한씨가 문화예술상을 받은 것도 법열곡이 크게 작용했으리라는 풀이를 낳기도 한다.(『동아일보』 1971. 12. 23 ⑧)

뿌리는 한성준이다. 둘째, 일제 강점 치하에서 제한적인 활동을 했으며, 민족적 비애悲哀가 남았다. 셋째 서구화와 서양춤이 물밀듯이 도입되는 환경에서 활동했다고 하겠다. 그럼에도 불구하고 한영숙의 근현대무용사적 의의를 정리했다. 첫째, 20세기 중후반 전통춤 중 민속춤의 자리매김에 기여하였다. 둘째, 그의 활동으로 인해 승무 · 살풀이(춤) · 태평무 · 학무가 정착되었다. 셋째, 한영숙 춤의 류流(양식)을 정립했다. 넷째, 전통춤을 기반으로 발표한 〈법열곡〉은 20세기 중반 전통춤계의 예술적 성취를 이룬 작품이었다.

마지막으로 덧붙이고자 하는 것은 이번 조사연구 과정에서 한영숙에 대한 자료가 충분히 발굴 공개되지 않았음을 확인했다. 1989년 평전 『춤을 지키는 마음』이 간행되었지만, 사료들을 충분히 반영하지 못했으며, 1960, 70년대 선생의 공연 프로그램도 보기 어려웠다. 한영숙 선생이 안타깝게도 더 활동할 수 있는 만 69세에 별세하셨고, 전통춤 예인에 대한 연구가 본격적으로 시작되기 이전에 활동했던지라 일차 자료의 수집과 면담 등을 통해 선생에 대한 연구가 더욱 활성화되어야 하리라고 본다.

이희병

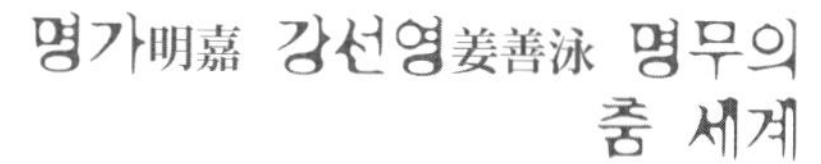

1. 머리말

故 명가明嘉 강선영姜善泳(1925.1.19.-2016.1.21)은 당대 우리 무용사의 한 획을 긋고 있는 원로로서 그의 삶은 비단 한 사람의 일생일 뿐 아니라 우리나라 무용사의 배경이자 커다란 흔적이기도 하다. 그가 했던 말과 남기고 싶은 비화들이 있을 것이다. 춤에 대한 생각, 춤에 대한 열정, 그가 추구한 일들이 후대 젊은 무용인들의 사표가 될 수 있다는 점에서 그의 춤과 관련된 내용들을 단편적이나마 이 글을 통해 일고해보고자 한다.

강선영은 한국 춤계의 어른이자 대모요 거목이었다. 한국 춤계를 이끌던 일세대인 한성준韓成俊이 유명을 달리하고 동시대 춤을 배운 동료들이 하나둘씩 타계하자 그는 말년에 우리 무용계 원로의 한 사람으로 우뚝 서서 무용계의 큰 기둥 노릇을 했다.

그의 춤 여정은 화려하고 눈부시다. '절세의 고수鼓手', '전설의 명무'로 일컬어지던 한성준을 만나 춤과 끊을 수없는 인연을 맺었고, 1940년 서울 부민관 무대에 선 이래 일본과 북만주 일대에 진출, 지금까지 170여 개국에서 1,000여 회가 넘는 혁혁한 해외공연 기록을 세우고 있다.

타고난 안무가적 기질로 수없이 많은 무용극을 안무해 왔고, 그의 대명사로 지칭되는 태평무는 몸과 마음이 일치된 예술 춤이라는 찬사와 함께 '한국 명무名舞'의 반열에 올라있다. 중요무형문화재 제92호 태평무 보유자로서 당대 개인의 이름으로 자신의 춤을 이어갈 태평무전수관을 이룩한 것도 무용계에서는 보기 드문 일이다.

개인적인 영달로는 문화예술계의 중요 요직과 공직을 두루 거치면서 입신과 출세를 한꺼번에 거머쥐었다. 한국 무용협회 이사장, 한국문화예술총연합회 회장, 제14대 국회의원을 지냈다. 의정활동을 하는 동안 여성정책 특별위원회 위원장, 국회문제위원, 당무위원, 여성문제연구위원장, 여성선거대책위원장을 역임하는 등 이런 경력은 무용인으로서는 무용사 이래 처음 있는 일이었다. 그러나 '위대한 예술가는 위대한 생활인이며 슬픔과 고통 속에서 예술이 꽃핀다'고 했듯이 승승장구의 명성과 성공의 뒤안길에는 남모를 한숨이 알알이 얼룩져있었다. 예술가들이 항용 그렇듯이 강선영의 인생은 파란만장과 우여곡절, 극심한 인고가 나선螺旋의 회오리를 긋게 된다.[1)]

1) 이세기, 『여유와 금도의 춤』, 서울 : 푸른사상사, 2003, 15쪽.

태평무 보유자였던 강선영은 무용예술가로 민족 예술 발전을 이끌어 온 한국을 대표하는 무용 예술인이다. 무용예술이 한 민족의 삶과 질 그리고 사회와 국가의 위상에 미치는 영향은 크다고 할 수 있다.[2)]

그래서 수많은 자료에도 불구하고 주로 강선영의 춤 입문과정인 한성준과의 만남과 이별, 말년에 무형문화재로 지정된 강선영류 경기검무(경기도무형문화재 제53호)와 강선영류 한량무(서울시무형문화재 제45호)를 중심으로 생존 시에 발제자와의 인연을 토대로 하면서 연대가 불투명한 것은 무용서적과 월간지, 신문기사, 신문사에 보관된 자료 등을 참고하였다.

또한 이 글에서 태평무를 언급하는 것은 다소 무리가 있어 생략하려 했으나, 예의가 아닌듯하여 간략하게나마 언급했다.

예인 강선영은 대과없이 자신의 위상을 지키면서 그의 인생을 비교적 탄탄하게 지켜낸 삶을 살았었다. 그러나 한 평생을 춤추며 살아온 그의 춤 세계와 내면의 갈등을 심대하게 기록한 평론은 없었으며 대부분의 자료들은 거의 비슷한 내용의 반복일 뿐이다. 간혹 대담기사가 있지만 그것은 의례적으로 묻고 대답한 것을 한 줄의 주석 없이 대필하는 데 그치고 있다. 따라서 연대나 인물 등도 무용가 본인의 눈에 그렇게 비칠 수밖에 없었음을 이해한다면 후에 본격적인 평론이 이루어지리라고 본다.

필자와 강선영선생님과의 깊은 인연은 1999년 6월 24일, 제1회 전국전통무용경연대회가 개최되던 날로 기억한다. 1층 로비에

2) 박진희, 「무형문화재 태평무 최초 보유자 강선영 생애담을 통한 유, 아동기 삶의 이해」, 『대한무용학회논문집』 제75권 1호, 대한무용학회, 2017, 162쪽.

〈그림 1〉 중국 산동성 강태공사당에서 강태공 탄생 3143주년 기념행사(2007. 9. 16).
(출처 : 필자 개인 소장)

앉아 있는 필자를 보시고는 옆자리에 앉아 평상시와는 다르게 얼굴을 한참 들여다보시더니, "오늘부터 자네 내 막내 아들하세."라는 말씀을 하시면서 시작되었다.

글에서 존칭을 생략하는 것이 관례이기는 하나 존칭 없이 선생님의 휘자諱字를 써내려가면서 선생님에 대한 송구함을 첨언한다.

2. 강선영과 한성준의 만남과 이별

대개 이름있는 예술가의 경우, 예술과 인연 맺게 된 동기를 보면 나름대로 필연적인 내력이 숨어있기 마련이다. 강선영 역시 춤과 인연 맺게 된 데에는 필연적 운명이 숨어있다. 강선영의 존재를 설명하기 위해서는 그의 가족 내력을 잠시 언급하지 않을 수 없다. 강선영은 1925년 1월 19일 경기도 안성군 양성면 명목리에서 아버지 강병학姜炳學과 어머니 박춘매朴春梅 사이에서 딸 셋 중 막내로 태어났다.

아버지는 배재학당을 졸업한 인텔리였다. 협률사 단원으로도 활동했으며 연극을 하고 싶어 했으나 집안의 반대로 뜻을 이루지 못했다. 이처럼 강선영의 집안은 유교적 가풍의 영향으로 엄격하고 완고했다. 이러한 집안 분위기에서 강선영이 춤을 할 수 있었던 것은 순전히 어머니 박춘매의 헌신적 뒷바라지 덕분이다. 어머니 박춘매가 없었다면 아마도 오늘의 무용가 강선영은 부재했을 것이다.

강선영은 초등학교 5학년 때 학예회에 뽑혀 농촌계몽을 주제로 한 '신식 어머니, 구식 어머니'라는 작품에 출연하면서 춤꾼의 자질을 보였다. 이 공연에서 지도를 맡았던 김복순선생님은 외모가 반듯하고 새털같이 유연하게 움직이는 강선영에게서 춤꾼의 재능을 발견했다.

이에 선생님은 어머니에게 강선영을 춤꾼으로 키워보라고 권유했고, 어머니는 선생님의 조언에 따라 딸을 무용가로 만들기 위해 온갖 희생을 감수하며 헌신적으로 뒷바라지 했다. 유교의 가부장적 세계관이 팽배해 있던 당시 사회적 분위기에서 딸에게 춤을 가르친다는 것은 전통관념에 대한 일종의 도전이자 모험이었다. "계집애에게 신식교육을 시켜 뭘 하느냐."고 무섭게 호통 치는 할아버지의 꾸지람에도 아랑곳 하지 않을 정도로 어머니의 신념은 확고했다. 집안어른들의 완강한 반대에도 불구하고 어머니는 강선영을 춤의 세계로 인도했다. 강선영의 춤인생 있어 최대의 조력자는 바로 어머니였던 셈이다.

강선영에게 있어 근대 전통무악의 거장 한성준韓成俊과의 인연은 특별할 수밖에 없었다. 장자長子가 아들이 없을 경우, 차남의 자손이 장자의 양자로 들어가는 풍습에 따라 아버지는 아들이 없던 큰조부 강경수姜敬秀의 양자가 되었다. 따라서 강선영은 큰조부 강경수를 할아버지, 친조부 강정수姜正秀를 작은 할아버지라고 부르며 자랐다. 큰할아버지 강경수는 한말 의전실 재인담당관으로 봉상시奉常侍에 근무하면서 가무를 담당할 예인들을 선발하여 궁중으로 들여보내는 일을 맡아했다. 봉상시 주부主簿로 궁의 행사에 예인을 뽑아 들이는 일뿐만 아니라 명창 이동백의 수정교수이자 한성준에게 북과 춤을 가르치기도 했던 전통예능의 명인이었다. 이렇게 큰할아버지 강경수와 한성준은 원래 각별한 사이였다.

강선영의 부친 강영학은 1935년에 함흥에서 기자생활을 하던 삼촌을 만나고 나서 소련 연애주 길림성吉林省에 살던 큰 딸 집에 들리기 위해 만주행을 타고 가다가 기차 안에서 먹은 음식이 탈이 나서 40대의 젊은 나이에 생을 마감하게 된다.

부친이 사망하고 2년 뒤인 1937년, 강선영은 나이 15세 때 양성초등학교를 졸업한 직후 3월에 옛날 큰조부 강경수의 집에 드나들던 한성준이 서울에 있다는 사실을 알고, 어머니 손에 이끌려 서울 종로구 경운동에 있던 한성준 조선음악무용연구소에 입문하게 된다. 조선음악무용연구소는 한성준이 조선가무의 올바른 계승과 대중화 및 제자양성을 목적으로 1937년에 설립한 전통춤 전문교육기관이었다. 강선영과 첫 대면한 한성준은 강경수의 손녀

라면 '내가 마땅히 맡아 키워야 한다'며 반갑게 맞아주었고, 호칭도 선생님 대신 할아버지라고 부르라며 특별한 배려를 아끼지 않았다. 이렇게 해서 강선영은 근대 명고수이자 전통춤의 대가인 한성준의 수제자가 되는 행운을 맞게 된다.

강선영은 15세 때 어머니 손에 이끌려 쌀 한 가마니를 입학금으로 장만하여 한성준의 조선음악무용연구소에 입소한다. 이곳에서 스승 한성준으로부터 사사한 춤은 〈검무〉, 〈남무〉, 〈농부춤〉, 〈농악무〉, 〈동자무〉, 〈바라춤〉, 〈배따라기춤〉, 〈뱃사공춤〉, 〈북춤〉, 〈사공무〉, 〈살풀이춤〉, 〈승무〉, 〈승전무〉, 〈신선무〉, 〈왕의춤〉, 〈영남덧뵈기춤〉, 〈장고춤〉, 〈장군무〉, 〈진사춤〉, 〈창부춤〉, 〈초립동〉, 〈태평무〉, 〈학춤〉, 〈한량춤〉, 〈훈령무〉, 〈무당춤〉 등 40여 가지에 달한다.[3)]

한성준의 1대 제자였던 강선영은 한성준 조선음악무용연구회의 특징을 네 가지로 꼽고 있다.

> "첫째, 한성준 조선음악무용연구소에서는 제자들을 연구소에 상주하게 하여 철저한 개인지도 방식으로 춤 수업을 진행했다. 춤 수업에서는 각자의 신체적 특성과 기량에 맞게 동작을 지도해주고 동작이 되지 않으면 동작이 될 때까지 수없이 같은 동작을 되풀이 연습시켰다. 둘째, 춤의 기본원리를 강조하여 내적으로 완전히 소화해서 춤을 추도록 했다. 셋째, 시험제도를 통해 졸업을 엄격하게 관리하고 넷째는 춤과 장단과의 조화를 위해 악기로 기본가락을 익히게 했다."

---

3) 성기숙, 『태평무인간문화재 강선영』, 서울 : 연락재, 2008, 430-431쪽.

춤의 내용에 따라 무속을 바탕으로 해서 만든 종교적인 색채의 춤, 풍자와 해학이 깃든 춤, 전통사회와 양반사회의 비교할 수 있는 춤, 자연과 동물의 움직임을 연구해서 묘사한 춤 등이 있으나 전승이 단절되어 소멸된 것이 많고 비슷한 성격의 춤을 명칭을 다르게 부르는 경우도 있었다.

지역적으로 서울, 경기, 충청 등 중부권을 배경으로 한 한성준류의 춤은 정갈하고 수려한 기교와 단아한 기품이 압권을 이루면서 중부권 특유의 도도한 절제미가 강조되는 것이 특징이다. 한성준은 1935년 부민관에서 첫 공연을 가졌고 당시 신문들은 "한성준은 학무, 승무로서 조선춤을 세인의 시청視聽 앞에 내놓았다."고 보도하고 있다. 그전까지는 권번이나 기생조합소속 기생들이 기금모금 형식의 축하연에서 판소리나 창극, 기악연주, 민속춤 등을 혼합한 종합공연이 있었고 전통춤만을 독자적으로 묶은 것은 부민관에서 열린 한성준의 첫 번째 무용발표회가 처음이다. 이때 학춤, 승무 외에 태평무와 살풀이춤이 초연되었다. 학춤은 한성준의 대표적인 춤 중에서도 가장 걸출한 작품으로 그 이전에 그의 부친 한천오가 '학탈'을 만들면서 부친대에 전승한 춤을 학춤으로 가다듬은 것이다.[4]

한성준은 1941년 9월 3일 작고하게 된다. 한성준의 사망일에 대해서는 의견이 분분하지만, 「매일신보」 보도내용과 월간 『춘추』의 기사내용으로 보면 9월 3일로 보는 것이 타당하다.

---

4) 이세기, 앞의 책, 2003, 44쪽.

지난번 월간지 『모던日本社』로부터 조선예술상까지 받은 조선 무용계의 국보적 존재인 부내 경운정 47번지의 1호 한성준씨는 약 3개월 전부터 신병으로 요양 중이던 바 드디어 금 3일 오전 5시, 만 67세를 일기로 세상을 떠났다.[5)]

홍난파가 8월 30일, 한성준은 9월 3일 우리는 한꺼번에 두 국보적 존재를 잃은 쓰린 기억의 날
한성준은 조선 창극 2백년 사상에 불세출의 천재라 할 것이다. 홍성 출생으로 8세 때부터 북채를 잡기 시작한 것이 68세를 일기로 마칠 때까지 60년 동안 장단을 쳤다. 조선음악이 과학적으로 확립되지 못한 오늘, 그만이 알고 전하지 못한 장단을 생각하면서 지금도 북채를 쥐고 '좋다'하던 그 광경이 어른거림이 사람의 상정이라고나 할까, 못내 석(惜)한 바이다.[6)]

강선영은 전국 순회공연 후 1년만인 1941년 봄에 연구소를 나와 종로구 익선동에서 어머니와 살면서 스승의 조교로서 여전히 연구소에 출근하고 있었다. 그러다가 스승이 병들자 다시 연구소로 돌아와서 스승 대신 학생들을 가르쳤고 1941년 9월 3일 경운동 연구소 자택에서 스승의 임종을 지켰다고 말한다.

임종자리에는 스승의 재취이던 부인 신씨와 무성영화시절 우미관에서 변사를 하던 장남 한창선, 손자 한영호, 강선영이 있었으

5) 매일신보, 1941. 9. 4.
6) 월간 『춘추』(8월호), 1941, '조선의 큰 북이 갔다'라는 제하의 추도문.

며, 차남 한이순과 한영숙은 악극단과 함께 지방공연을 떠나 있었기 때문에 자리에 없었다고 한다.

스승 작고 후 1년만인 1942년 12월 23-24일 양일간에 걸쳐 왕십리 성보成寶극장에서 한성준 1주년 추도追悼공연을 가졌다. 추도공연은 스승의 장남인 한창선이 주도하였고, 이 공연에서 강선영과 한영숙은 일본순회공연에서 가졌던 모든 레퍼토리를 그대로 추었다.

당시 춤이나 창을 배우는 사람들은 스승의 집에 기거하면서 마당을 쓸거나 부엌일 등 스승의 시중을 드는 일은 예사였다. 그렇게 하면서 춤 한 자락을 배우고 단가 한가락을 배웠다.

그도 하나라도 더 배우기 위해 몸을 사리지 않고 스승을 보필했다. 그러나 그의 입지를 세워주고 지켜 줄 수 있는 스승은 일찍 돌아가시고 말았다.

그러나 한성준 문하에 입문하여 조선음악무용연구소에서 한성준의 춤제를 고스란히 물려받은 행운아로서 강선영은 무용단을 창단하여 탄탄한 전통춤의 줄기를 형성해왔고, 자신만의 무대를 묵묵히 펼쳐왔다. 50년대 초 무용학원을 연후 60년대에 접어들면서 수많은 해외공연에 참가했으며 굵직한 무용극들을 만들었다. 이는 그가 이어받은 전통의 맥이 그만큼 뿌리가 깊다는 것을 입증하는 예이다.[7]

---

7) 이세기, 앞의 책, 2003, 88쪽.

3. 강선영의 춤과 정치

무용계에서 강선영의 사회적 행보는 늘 관심의 대상이 되어왔다. 그동안 무용가로서 그녀가 가졌던 직함은 한국무용협회 이사장, 한국예술문화단체총연합회 회장 등을 거쳐 제14대 국회의원을 지냈다. 국회의원으로 활동할 당시에 여성정책특별위원회 위원장, 국회문체위원, 여성문제연구위원장, 여성선거대책위원장을 역임하는 등 여성 국회의원으로서는 보기 드물게 굵직굵직한 요직을 두루 거쳤다.

이렇듯 화려한 경력은 무용가로서 뿐만 아니라 한 개인으로서도 보기 드문 예에 속한다. 강선영이 문화예술계의 리더로 발돋움한 것은 1954년 한국예술문화단체총연합회의 전신인 전국문화예술단체총연합회의 중앙위원에 선출되면서부터이다.

이후 1958년 한국무용예술인협회와 한국무용가협회가 통합하여 한국무용협회로 재출범하는 데 중추적인 역할을 맡게 된다. 자연히 무용계의 핵심인물로 부상하면서 주변 예술인과의 교분을 넓히게 되었다. 소설가이자 언론인 출신으로 국회의원을 지낸 송지영과는 오랜 친분을 유지하며 그가 예술 활동을 적극 지원할 수 있도록 멘토 역할을 했다.

독실한 불자임에도 문화계의 정신적 지주인 강원룡 목사와 오랫동안 친분을 유지했다. 이어령 전 문화부 장관과는 〈92, 춤의 해〉 지정이 성사되도록 하는데 함께 노력했다. 이어령 전 장관과는 춤계 뿐만 아니라 한국 문화예술 발전에 있어 중요한 정책결정을 할 때 어김없이 의기투합했다.

어린 시절 문학소녀였던 강선영의 성향은 문학인과의 친분을 두텁게 하는 동인이 되었다. 문인들 중 구상, 김광섭, 설창수, 고은 등과 특별히 친하게 지냈다. 구상은 장면 박사의 참모였고, 김광섭은 경무대 이승만 박사의 비서를 지냈다. 설창수 역시 참의원 출신으로 모두 당대의 실력자로 통했다.

1960년대 서울 종로구 누상동에 있던 강선영의 집은 문인들의 아지트로 통했을 정도다. 그들의 어울림에 대해 이른바 '누상동 4인방'이라는 별칭까지 생겨났다. 문인들과의 긴밀한 우정은 예술가로서의 일상뿐만 아니라 그녀의 작품세계로까지 자연스럽게 연결되었다.

시극詩劇 〈렌의 애가〉 출연으로 처음 인연을 맺은 시인 모윤숙과는 이후 각별한 사이가 됐다. 무용영화로까지 만들어져 아시아영화제에서 최우수상을 수상한 〈초혼〉은 모윤숙의 시 〈산제山祭〉를 원작으로 한 것이다.

문헌고증과 현장체험이 바탕이 된 무당굿의 극장무대화의 산물인 〈열두무녀도〉는 민속학자 이두현 교수와의 인연 속에서 탄생된 작품이다. 문인들과의 교류는 이후 건축가 김수근, 연출가 박진, 문학평론가 곽종원, 희곡작가 차범석 등으로 확장되었다.

무용계에서는 조동화, 정병호와 특별히 가까웠다. 월간 '춤' 발행인이자 춤평론가인 조동화와는 50년 친구로서 한번도 삐거덕거린 적 없는 사이로 함께 춤문화운동의 구심체 역할을 하기도 했다. 그와는 해방 후 불모지에 가까운 한국 무용계를 재건하여 오늘에 이르게 했다는 특별한 자부심과 함께 동지적 연대감이 있다. 조동화의 요청이라면 무조건 따른다는 오랜 원칙이 작동되어 춤의 선구자 조택원, 명무名舞 한성준의 춤비가 세워질 수 있었다.

원로 무용학자 정병호와의 인연도 빼놓을 수 없다. 정병호는 '태평무'의 예술적 가치를 높이 평가하여 문화재 반열에 오르게 하였을 뿐만 아니라 전국에 산재한 우리 춤을 발굴, 이론화하는 작업 속에서 상호 도움을 주고받으며 신뢰하는 사이가 됐다. 강선영이 보여준 문인 및 문화계 인사들과의 거리낌 없는 교류에서 나타나는 화통한 성격과 대범한 기질을 주목할 필요가 있다.

무용계를 이끌어가는 리더로서의 이러한 능력은 그녀의 타고난 정치적 수완과 절묘하게 맞닿아 있다. 국회의원에까지 오른 그녀의 특별한 입신立身은 어쩌면 운명적으로 타고난 것인지도 모른다. 강선영의 지나온 삶의 여정을 살펴보면 그녀의 문화예술계에서의 독보적인 위치와 역할, 그리고 정계 입문은 일찌감치 예견되는 바였다.

1985년 한국무용협회 이사장으로 선출되면서 강선영은 정치력을 발휘할 기회를 갖게 된다. 원래 처음부터 한국무용협회 이사장이 될 생각은 없었다. 한성대 교수로 재직 중이던 김진걸이 찾아와 출마할 것을 권유해 처음에는 정중히 거절했지만, 결국에는 그의 집요한 설득에 굴복당하고 말았다. 제13대 한국무용협회 이사장이라는 직함을 가진 이상, 무용계의 발전을 위해 봉사하고 헌신해야 한다는 각오를 하게 되었다.

우선 무용협회는 범무용인을 대표하는 구심체로 우뚝 서야 제대로의 기능을 할 수 있다는 판단 하에 당시 발레의 홍정희와 현대무용의 육완순을 한국무용협회 소속으로 끌어들이는데 성공했다. 한국춤 중심의 협회가 드디어 발레와 현대무용이 동참하게 되자 한국무용협회는 명실 공히 무용계에서 그 대표성을 인정받게 되었다.

강선영은 한국무용협회장에 이어 한국예술문화단체총연합회 회장에 오르면서 무용계의 리더에서 문화예술계의 수장으로 급부상한다. 특히 1990년에 있었던 예총 회장 선거에서 첼리스트인 서울대 전봉초 교수와 겨루어 압도적으로 승리한 사건은 지금까지도 문화계에서 자주 회자된다.

강선영은 2년 후 무용가로서는 최초로 국회의원이 된다. 예총 회장이라는 직능대표 자격으로 민자당의 전국구 후보 공천을 받아 제14대 국회의원에 오르게 된 것이다. 강선영은 예총 회장, 국회의원을 지내면서 춤계 또는 문화예술계를 위해 많은 정책적 결정을 이끌어냈다. 문예진흥법의 개정을 추진하여 연예부문에 속해있던 무용분야를 독립시켜 예술로서의 춤의 대사회적 위상을 높이는 데 기여했다.

국회의원 시절에는 무용콩쿠르에서 수상한 남자 무용수의 병역문제를 해결했다. 한국예술종합학교 설립 당시 발레와 현대무용으로 집중된 커리큘럼에 한국춤(전통춤 포함)의 신설을 건의하여 성사시켰다.

또 무형문화계 예능보유자들의 예우문제를 개선하도록 추진했고, 대한민국예술원상 상금을 학술원상과 동등한 수준인 2천 만원으로 상향조정하는 데에도 앞장섰다. 『춤』지 발의로 시작된 신무용가 조택원의 춤비가 국립극장 경내에 건립되게 하기까지 그녀는 숨은 공로자로 손꼽힌다.

또 강선영은 자신의 고향 안성에 태평무전수관을 건립하고 그

앞마당에 스승 한성준의 춤조각상과 『춤』지 발행인 조동화의 흉상을 건립하는 등 춤계 문화운동의 중심에서 헌신적으로 보답했다. 국회의원 시절 강선영은 '여의도 누님'으로 통하며 무게감 있는 역할로 정계를 이끌었다.

그러나 권불십년權不十年이라고 했던가. 아무리 높은 권세라도 10년을 가지 못한다는 것을 알기 때문에 강선영은 14대 국회의원을 끝으로 모든 공직 일선에서 물러나 춤계로 복귀했다. 권력이 장기화되고 사유화되면 천박해질 수밖에 없음을 간파한 지혜로운 결단이었다.

춤꾼으로 입문하여 60만 명에 달하는 예술인을 통솔하는 위치인 예총 회장을 거처 국회의원에 오르기까지 거침없는 행보를 보여준 강선영의 성공비결은 무엇일까. 그것은 자기 존재에 대한 확신과 당당함, 그리고 포용과 배려의 리더십에 있지 않나 생각된다. 다음 두 가지 일화에서 강선영의 기질과 자기 확신에의 의지를 엿볼 수 있다. 우선 예총 회장 선거 때의 일이다. 강력한 라이벌인 전봉초 교수는 강선영의 정식제도권 교육을 제대로 받지 않았음을 문제 삼았다. 이때 강선영은 "나는 학술적인 이론에 근거해서 춤을 배운 것이 아니라 광대에게서 춤을 배웠다. 무용학교라는 것이 없었으니 당연한 일이다. 기생춤이라고 해도 좋고 권번에서 배웠다고 해도 부끄러울 것은 없다. 그러나 그때 최상의 교육은 지금의 대학 무용과에 비해 조금도 뒤지지 않는다. 나는 스승 한성준에게 물려받은 바를 그대로 이해하고 배운 사람이라는 자부심을 갖고 있다. 또한 그 시절의 학습이 가장 이상적이라고 아직도 그렇게 생각하고 있다."고 당차게 대응하여 경쟁자를 압도적으로 물리치고 예총 회장에 당선되었다.

강선영의 당당함과 관련 유명한 일화가 또 있다. 1987년 무용계에는 서울무용제를 둘러싸고 무용가와 평론가 사이에 대립각이 조성되었다. 한국무용협회 주최로 치러진 서울무용제의 수상작에 대해 한국무용평론가회에서 불공정 심사를 문제 삼아 비판성명을 내고 별도의 선정결과를 발표하는 사건이 발생했다.

당시 한국무용협회 이사장으로 이 행사를 주도한 강선영은 "이론적으로 보는 평론가들의 눈은 실기하는 사람들과 다를 수 있다."며 초연한 자세를 유지했다. 창작과 비평 사이의 대립과 갈등은 다분히 태생적인 문제에 속한다. 춤계에서 창작과 비평 사이의 마찰이 빚어질 때마다 강선영이 남긴 이 말은 반복적으로 재음미되고 있다. 강선영은 어려서부터 총명하고 영특하기로 유명했다. 그녀는 10대 중반 한성준 조선음악무용연구소 입문시절부터 당시 국악계 어른들로부터 '싹수 있는 아이', '예의범절이 깍듯한 아이', '책임감이 강한 아이'로 정평이 나 있었다.

비록 근대 제도권 교육의 수혜자는 아니지만, 타고난 기질과 배움에 대한 열정이 한국을 대표하는 무용가에서 문화예술계의 대모代母, 나아가 정계로 진출하는 행운을 안겨준 것이다.[8]

---

8) 성기숙, 앞의 책, 437-439쪽.

4. 중요무형문화재 제92호 〈태평무〉

1988년 12월 1일 국가 지정 중요무형문화재 제92호로 태평무가 지정됨으로써 강선영하면 태평무, 태평무하면 강선영이라는 등식이 성립되었다.

〈그림 2〉 인간문화재 강선영의 태평무
(출처 : 故강선영선생 제공)

현재까지 발표된 강선영과 태평무 관련 도서 및 논문이 120여 편에 이르고 있다. 이 글에서 태평무를 언급하는 것은 다소 무리가 있어 생략하려 했으나, 예의가 아닌 듯하여 간략하게나마 일고해 본다.

강선영 태평무는 임금과 왕비가 나라의 태평을 기원하는 춤으로 미적으로 조화시켜 세련되고 다양한 기교에 걸맞은 즉흥성으로 개방적이면서 낙천적인 멋을 내재하고 한국인의 신명을 대변해 주는 것으로 화려하고도 우아한 춤사위아래 인간적인 따스함과 복합적인 심리의 곡이 깔려있는 춤이라 할 수 있다. 태평무는 외형적 아름다움뿐만 아니라 내면적 아름다움까지 적절하게 조화시킨 우리춤의 정수라 할 수 있다. 태평무의 춤사위에서 팔 동작은 섬세하고 우아하며 동작 하나 하나에 박력이 있고, 엎고 제치는 사위는 음양을 표현한 것이다.

오른손을 엎으면 음, 왼손을 제치면 양, 발도 곡선으로 돌리면 음, 직선으로 나아가면 양을 표현한다. 태평무는 아주 근엄하게 가만히 서 있는 동작도 있으며, 아래에서부터 무게 있게 나가다 세상을 포근하게 안아주는 듯한 형식을 취하고 있는 것이 특징이라고 할 수 있다.

동작은 다양하고 빠른 장단에도 불구하고 태평무만이 간직한 멋[9]이라 할 수 있다. 즉, 도당굿장단에 따른 춤사위 변화와 춤의 절정기에 힘찬 발디딤새 등 전반적으로 세밀하면서도 서정적인 미가 있다. 잦은 발디딤과 발을 돌리며 굴리고 잦은 깨끔발을 딛고 잔가락을 넣어야 만이 발짓이 맞아떨어지는 것이다. 특히 의상(활옷)에서 오는 화려함에 상체 동작에 그대로 반영하며 깨끗한 맺음새는 우리나라 춤 중에서 가장 기교적인 발짓춤이라 할 수 있고 공연 춤으로써 정중동靜中動의 미적형식을 가진 완벽한 춤이라 할 수 있다.

반주음악은 약간 빠른 듯한 짜임새 있는 구성과 박자로 그 자체가 경쾌하고 동작적인 느낌을 준다. 강선영류는 올림채와 터벌림이 세분화되어 있는데 이것은 춤 기교의 세분화 및 정도를 짐작할 수 있다. 특히 올림채의 변화장단은 강선영만의 특징이며 춤의 속도에 따라 연주의 빠르기가 결정된다.

복식의 특이성을 살펴보면, 붉은 단이 있는 남색치마에 당의와 한삼과 활옷 등 비교적 화려함을 보이는데 겉옷을 걸쳤을 때는 국모로서의 의젓함과 엄숙함을 나타내면서 온 천지의 모든 것을 포근히 감싸 안아 자연에 따르듯 은은함이 베어있다[10]고 표현할 수 있다.

---

9) 정정자, 『춤 이야기』, 춘천 : 강원대학교 출판부, 1997.
10) 김근희, 『곡선의 미학과 우리의 춤』, 서울 : 원방각, 1992.

처음 춤을 추기 시작할 때는 활옷을 입고 추다가, 중반에는 한삼과 함께 활옷을 벗어 놓고 추는데, 이때는 초록색 당의에 남색치마를 입은 무수리가 다소곳이 등장하여 겉옷과 한삼을 받아 천천히 퇴장한다. 진쇠장단과 더불어 부드러운 곡선의 흐름과 함께 빠른 춤사위로 발전하는 춤의 절정기에 오르면 힘찬 발사위와 몰이장단이 어우러져 춤 전체에 세밀하면서도 서정적연 아름다움이 넘쳐흐른다.

춤의 성격은 경기도당굿의 무속장단을 바탕으로 한 민속춤이지만, 궁중의상의 요소와 결합된 춤으로 서민적이기보다는 귀족적이며 품위있는 자태의 장중함과 활달함을 지닌 경쾌한 발짓춤이라 할 수 있다.

5. 강선영류 경기검무

1) 강선영류 경기검무의 특징 및 전승 현황

검무는 신라시대 이래 고려를 거쳐 조선 말기에 이르기까지 궁중과 지방 교방에서 중요한 무용 종목으로 꾸준히 전승되어 왔다. 특히 조선 말기에는 민간에서도 검무를 감상할 기회가 많아졌다.

조선 왕실에 소속되었던 교방도 폐지되고 더불어 여악제도, 즉 관기제도가 폐지되자 교방의 기능 일부를 새로 생긴 권번이 담당하게 되었다. 권번은 기녀들에게 예능을 학습할 수 있는 기회를 제공해 주었고 이를 통해서 정재무용과 민속무용이 전수된 것이다. 1945년 이후에 권번이 폐지됨과 동시에 권번의 역할은 국립국악원과 개인 무용학원이 떠맡게 되었다. 검무의 전승 역시 이러한 전수기관을 통해 이루어졌다.

검무의 무용 양식은 오랜 역사를 거치면서도 비교적 원형이 잘 유지되고 있다고 할 수 있다. 특히, 1900년 무렵 검무의 형식과 춤사위는 오늘날의 것과 큰 차이가 없는데, 검무가 4인이나 8인이 함께 추는 대무의 형식이기 때문에 한 개인이 함부로 변형할 수가 없기 때문이 아닌가 한다.

1910년 조선 왕조의 붕괴로 흩어진 기녀들을 모아 1911년 조선정악전습소 학감이었던 하규일이 다동에 조선정악전습소의 분실을 차려 다동조합이라 하고, 국악과 정재가 주가 되는 전통춤을 가르쳤다. 이 시절 서울에는 다동조합, 광교조합이 있었고, 1920년대 이르러 기생조합은 권번으로 그 명칭이 바뀌었다. 즉 다동조합은 조선권번으로, 광교조합은 한성권번으로 전환되었다. 서울에 존속했던 권번 중 조선권번이 제일 규모가 컸고 소속기생들의 활동 또한 활발하게 펼쳐졌다. 한성준은 조선권번에서 민속무용을 가르쳤다.

1937년 한성준은 조선음악무용연구소를 설립하여 제자들과 무용발표회를 할 때 검무가 함께 공연되었다.

강선영류 경기검무는 한국 전통춤의 대부大夫인 한성준에 의해 정리되어, 그의 제자 강선영에 의해 전승되었다. 2011년 6월 17일 경기도무형문화재 제53호로 지정되고 강선영의 제자 김근희가 보유자로 인정되어 현재 경기도 구리시에서 전승 활동을 하고 있다.

2) 무복과 무구

붉은색 치마에 노랑저고리(깃 · 고름은 자주색, 끝동은 남색)를 입는다. 쾌자의 안감은 붉은색이며 겉감은 검은색이고 둘레(섶부분)에 금색의 문양을 넣었다. 전대는 붉은색이고 금색의 문양으로 장식하였다. 전립은 흑색이고 양 옆에 매미 모양의 장식을 붙였고 공작털을 달았다.

검의 재질은 철제이며 목이 꺾여 돌아가는 칼이다. 칼 손잡이의 재질은 나무로 붉은색이다. 전체길이는 약 45cm이고, 칼 손잡이의 길이는 약 14cm, 칼 길이는 약 29cm이다. 칼과 손잡이의 이음새 부분에 3개의 금속장식을 달았다.

3) 반주 음악

경기검무의 반주음악은 경기지방의 삼현육각 선율을 바탕으로 경기무속음악의 대가大家인 지영희에 의해 정리된 음악으로 그가 설립한 국악예술학교를 통해 그 맥이 전승되고 있다. 지영희는 1938년경 조선음악무용연구소에서 조교생활을 하며 한성준으로부터 무용과 장단을 전수 받았고, 그 인연으로 태평무, 승무음악을 정리하였고 그 음악이 현재까지 연주되고 있다.

연구대상으로 삼은 음악은 2000년 2월 28일 문예회관 대극장에서 올려진 〈한성준 선생 그 춤의 재현〉 공연에서 강선영이 검무를 정리하여 무대에 선보이며 지영희의 제자인 장덕화 · 김덕수(장구), 최경만 · 이종대(피리), 이철주(대금), 김영재(해금) 등에 의해 연주된

음악이다. 음악구성은 허튼타령곡(30장단), 자진허튼타령곡(70장단), 당악곡(16장단), 긴염불곡(1장단)으로 구성되어 있다.

허튼타령곡은 무용반주에 쓰이는 타령곡으로 허튼가락으로 되어있어 장章의 구분이 없으며, 속도에 따라서 느린허튼타령곡, 중허튼타령곡, 자진허튼타령곡으로 구분한다. 당악곡은 경기도당굿에 주로 사용되는 곡으로 허튼타령곡과 같이 허튼가락을 연주하기 때문에 일정한 장章의 구분이 없다.[11]

4) 춤사위와 대형

경기검무의 춤사위 구성형식은 선 손춤→앉은 손춤→앉은 칼춤→선 칼춤→연풍대→제행이무의 순서로 진행된다.

선 손춤에서는 주로 2열종대의 대형으로 진행되며 1열종대로 교차하는 대형, 교차하지 않고 서로의 자리를 바로 바꾸는 환립換立의 대형이 나타난다.

앉은 손춤에서는 2열종대로 앉아 몸통을 회전하여 사선을 향하는 대형, 2열종대로 앉아 마주보는 대형, 2열종대로 마주보고 어깨를 잡는 대형 등이 나타난다.

앉은칼춤에서는 앉은 손춤과 마찬가지로 2열종대로 앉아 몸통을 회전하여 사선을 향하는 대형, 2열종대로 앉아 마주보는 대형 등이 나타난다.

선 칼춤에서는 주로 2열종대의 대형, 1열종대로 교차하는 대형

11) 임수정, 「한국 여기검무(女妓劍舞)의 예술적 형식과 지역적 특성 연구」, 용인대학교 박사학위논문, 2006, 100-232쪽.

이 나타난다. 이외에도 원의 대형, 원의 대형에서 2열횡대, 1열횡대를 만드는 등 대형에 있어서 다양한 변화를 보인다.

연풍대에서는 시계반대 방향으로 회전하는 원의 대형이 나타난다.

제행이무에서는 1열횡대로 무대 앞을 향하는 대형이 나타난다.[12)]

6. 강선영류 한량무閑良舞

1) 강선영류 한량무의 특징 및 전승 현황

강선영류 한량무는 2013년 2월 7일 서울시무형문화재 제45호로 지정되고, 2014년 5월 15일 강선영의 제자 조홍동과 고선아가 보유자로 인정되어 전승활동을 하고 있다.

한량무의 공연은 1905년경에 있었다. 당시에 새로 개장된 서양식 극장 무대에 등장되었던 무대 종목 가운데는 궁중의 정재무용과 더불어 민속무용이 공연되었다. 원로 연극인 현철은 당시의 공연 내용에 대하여 "내가 원각사에서 춤을 본 것은 갑오경장 이후의 일이다. …(중략)… 기억나는 춤으로는 아박무, 대고무, 포구락, 가인전목단, 항장무, 무산향, 춘앵전, 검무, 한량무, 승무 등이었다."[13)]고 한다.

12) 위의 논문, 150-158쪽.
13) 유인희, 「한국신무용사」, 이화여대 석사학위 논문, 1974, 22쪽.

〈그림 3〉 1939년 부민관 한량무 리허설 장면
뒷쪽 두루마기 입은 분이 한성준, 오른쪽부터 박학심, 강선영, 박연화
(출처 : 故강선영선생 제공)

이와 비슷한 시기 광무대에서는 각종 민속무용이 빈번하게 공연되었는데, 1908년 5월 광무대에서는 승무와 한량무가 공연되었다.

〈광무대(光武臺)〉 동대문내(東大門內) 광무대(光武臺)에서 음본월(陰本月) 27일(日)부터 제반(諸般) 연예(演藝)를 일신개량(一新改良)ᄒᆞ야 고금기절(古今奇絶)한 사(事)를 모방(摹放)ᄒᆞ고 성세풍류(聖世風流)를 교연확장(敎演擴張)ᄒᆞ야 첨군자(僉君子)의 성정(性情)과 안목에 감발유쾌케 완상품(玩賞品)을 설비(設備)ᄒᆞ얏ᄉᆞ오니 급기(及期) 광림ᄒᆞ심을 경요(敬要).

순서(順序), 관기남무(官妓男舞) · 지구무(地球舞) · 가인전목단(佳人剪牧丹) · 검무(劍舞) · 항장무(項莊舞) · 이화무(梨花舞) · 승무(僧舞) · 한량무(閑良舞) · 성진무(性眞舞) · 실사무(矢射舞) · 무고(舞

鼓)·전기광무(電氣光舞)·무동(舞童)[14]

이 글은 당시에 새로운 문물을 받아들이는데 선구적인 역할을 했던 서구식 극장인 광무대에서 제반 연희를 새롭게 꾸며 무대에 올린다는 의욕적인 광고문이다. 그러나 실제 무대에 올렸던 공연물은 전통적인 연희가 대부분이었다. 검무나 한량무 또는 승무 등의 종목은 민간예능에 속하는 것으로 여전히 일반인들의 취향에 맞았고 또한 인기가 있었음을 알 수 있다.

바로 이듬해인 1909년 관기제도가 폐지되고 1913, 14년경 교방과 같은 성격의 민영 권번이 서울에만도 7, 8개가 생겼다. 당시 권번에 따라서는 한량무가 학습 종목으로 기녀들에게 교습되었다.[15] 그리고 1935년 한성준은 조선음악무용연구소를 설립하여 제자들과 무용발표회를 가졌었다. 그때 선보인 춤의 종목에는 승무·신선무·검무·한량무·살풀이춤·농악무 등과 새로 선보이는 바라춤·사공무·학무 등이 있었다.[16] 이외 1920-1935년경 한성준에게 춤을 배웠던 원로무용가들의 증언을 통해 한량무의 전승 양상을 가늠해보면 다음과 같다.

한성준 계열 강선영류 한량무는 한량, 먹중, 각시, 주모 등 4인이 등장하는 무용극 형태의 춤이었다 한성준은 일찍이 이 춤을 탈춤의 노장 마당을 참고로 하여 꾸몄다고 한다.

강선영은 당시 한성준에게 한량무를 배웠으며, 광무대, 부민관

14) 『황성신문』, 1908. 5. 28.
15) 김정녀, 『권번춤에 대한 연구 : 문화재』, 1989, 8-9쪽.
16) 위의 책, 11쪽.

등에서 공연할 때 공연 종목으로 한량무가 항상 선정되었는데, 색시 역할은 대부분 강선영 자신이 했다고 한다.

오늘날 전해지는 한량무는 두 가지 유형의 춤이 있다. 하나는 4·5명, 또는 7명이 등장하여 펼치는 무용극 형태의 춤이며 다른 하나는 남자 혼자 추는 홀춤 형태의 춤이다.

전자의 한량무는 색시(각시 또는 기녀)를 가운데 두고 한량과 승려가 벌리는 애정의 삼각관계를 그린 무용극 형태의 춤이다. 여기에 3인 이상의 인물을 등장시켜서 한량과 승려와 색시 사이에 중개 역할을 함으로써 극적 효과를 더해 준다. 후자인 홀춤의 한량무는 한량의 유유한 기품을 춤으로 표현한 것이다.

무용극으로써 한량무는 한량, 승려, 색시 간의 애정 관계를 풍자적으로 표현하는데 춤이 주가 되지만, 비교적 몸짓춤에 가까운 동작으로 표현하는 대목이 많다. 몸짓춤은 반주장단에 맞추어 각 장면을 실감나게 표현한다.

홀춤의 한량무는 춤 그 자체로써 한량이라는 존재를 상징적으로 표현하며, 춤을 통해서 모든 의미를 전달하게 된다. 홀춤의 한량무는 한량의 품격, 자태를 강조하며 춤을 멋들어지게 춤으로써 관객을 매료시킨다는 데 특징이 있다. 이 춤이야말로 남성들이 유일하게 멋을 내며 출 수 있는 홀춤으로 각광받고 있다.

무용극 형태의 한량무는 1900년경부터 1980년경까지는 비교적 잘 전승되어 왔으나, 최근에는 공연이 잘 이루어지지 않고 있다. 1980년경부터 문화의 국제적 교류가 활발해지면서 서양의 발레나 현대무용 등의 예술 무용이 국내에 급속도로 유입되면서 무용계의 취향이 크게 변화되었다. 이러한 현상은 전통 무용계에도 영향을 미쳤다. 점차 무용극 형태의 한량무가 사라지고 홀춤의 한량무만 공연되는 경향이 있다.

한량무는 1876년에 정현석이 간행한 『교방가요敎坊歌謠』에 자세히 수록되어 있다. 이 책의 내용은 창과 춤에 대하여 서술한 것이다. 그 가운데, 의암별제에 무용의 순서에 관한 대목이 있는데, 여기에 승무의 내용이 기록되어 있다. 또 승무라는 이름의 춤의 내용과 춤추는 장면의 그림이 있는데, 이를 보면 그 내용과 춤옷이 실제로는 오늘날 전해지고 있는 한량무와 같다. 당시에 한량무를 승무라고 했는지, 아니면 한량무를 승무라고 잘못 표기했는지 상세한 내력은 알 수 없다. 『교방가요』 가운데 승무에 관한 기록을 보면 다음과 같다.

> 젊은 기생이 절을 하고 춤을 춘다. 풍류랑(風流郎)인 한량이 쾌자를 입고 기녀와 마주보고 춤을 춘다. 한량은 기녀를 끼고 돌면서 희롱하며 춤을 추고 있는 동안 기녀와 친해진다.
> 이때 마루 모퉁이에 한 노승이 엎드리고 있고 상좌가 나오면서 노승에게로 가서 기녀를 손가락질하며 가리킨다. 노승은 머리를 저으며 보지 않으니 상좌가 다가가 노승의 귀에 대고 무어라 말하니 노승이 차츰 머리를 들고 쳐다본다. 상좌가 산석장(山錫杖)을 끌어당기니 노승이 두려워 벌벌 떨면서 일어나지 못한다. 아무리 일어나려 해도 벌렁 자빠지기만 한다. 상좌가 다시 끌어 일으켜 춤을 추게 하니 기녀에게 점점 다가간다.
> 승려가 기녀의 둘레를 한량과 함께 빙글빙글 돌고 있는 사이에 상좌가 끼어들어 한량을 꾀이니 한량이 이를 피해 간다. 노승이 기녀와

놀아나면서 한량 쪽을 살피며 한량이 끼여들면 피해 간다. 한량이 꽃신을 기녀의 발에 신겨 놓고 가 버린다. 노승도 역시 꽃신을 바꾸어 신긴 후에 나가 버린다. 한량이 돌아와서 신이 바뀐 것을 보고서 화를 내면서 기녀들을 마구 때리니 기녀가 거짓 울음을 터뜨린다.

한량이 기녀의 허리를 안고 달래며 나가려는데 노승이 다시 와 기녀를 업고 달아난다. 한량이 술에 만취되어 비틀거리다가 두 다리를 뻗고 앉아서 운다. 그녀가 노승을 버리고 돌아와 한량의 허리를 안고 울어대는 것을 한량이 마구 때린다.

기녀가 울음을 그치지 아니하므로 한량이 달랜다. 그러나 듣지 않는다. 계속 달랜다. 기녀가 다시 일어나서 한량과 춤을 추려는데 한량은 다른 소기(小妓) 한 사람을 안고 있으니 울고 있던 기녀는 질투가 나서 그 소기를 때리고 한판 춤을 추고 먼저 퇴장한다.

한량도 따라서 나가 버린 다음 노승은 상좌와 어울려 한바탕 춤을 춘 다음 마친다. 이것은 한바탕의 놀이에 불과하지만, 그 본뜻을 규명하면 역시 권선징악도 포함되어 있다. 여자란 최초에는 정숙한 것 같으나 나중에는 음란해지고 선비는 처음에는 지조를 지키는 것 같지만 끝내 어긋나 버리며, 중은 처음에는 계율을 지키는 척하다가 결국 치장에 미치는 것이다. 그러므로 이것을 구경하는 사람도 마찬가지니라.

> 젊은 호협 풍류랑이 홍장(紅粧)이를 희롱하니
> 봄바람에 흔들리는 노승의 마음이어라
> 상좌는 스님에게 못된 장난을 가르치어
> 꽃보고 미친 나비 이리저리 놀아나[17)]

위의 내용은 노승의 파계를 풍자한 것이라는 관점에서 볼 수 있을 뿐만 아니라, 한량의 놀이를 풍자한 춤의 묘사라는 관점으로 해석할 수 있다. 특히 이 춤은 한량이 기녀와 어울려 홍취 있게 노는 과정을 무용극으로 엮은 것으로 한량무의 원형에 대한 묘사라는 점에서 중요시된다.

한량은 남男 전복에 남색 쾌자, 옥색 두루마기를 입고 머리에 갓을 쓴다. 각시는 한복을 정갈히 차려입고 원삼을 입고 머리에 족두리를 썼다. 먹중은 시꺼멓고 흉측한 습의 탈을 썼는데 송파산대놀이의 먹중역 중 옴중과 유사한 탈과 의상 차림으로 검정 장삼에 홍 가사를 두른다. 주모는 평상복 차림의 치마저고리에 치마자락을 여미어 질끈 맨다.

2) 내용

한량과 색시가 함께 무대에 등장하여 춤추며 논다. 한량이 색시의 마음을 사로잡으려는 속셈으로 신발을 사러 퇴장한다. 조금

---

17) 성계옥, 『진주의암별제지』, 진주민속예술보존회, 1987, 36-37쪽.
〈僧舞〉 小鼓拜而舞 風流郎 着快子對舞郎繞妓而舞 戲狎備至 老僧伏於軒隅 上座出舞往老僧前 指示妓 老僧掉頭不見 上座又附而耳語 老僧稍稍擧視 上座曳山錫丈 老僧戰慄不能起 欲起而頹臥 又曳出起舞 漸妓處繞行而舞 上座居間周施 郎故避之 老僧與妓戲狎每見郎近則避去 郎以錦靴着妓足而去 老僧亦以色靴換着妓足而去 郎還見其換靴怒而打妓 妓佯泣郎 抱腰解忿而去 老僧又來戲負妓而去 郎乘醉亂步而入見 妓不在 乃伸脚坐泣 基棄僧還入抱朗腰而泣 郎打妓 妓飮泣不已 郎抱腰解之 妓不聽 郎連解之更爲起舞郎 郎抱一小妓 妓妬打之 又爲起舞 妓先拜出 郎亦出 老僧與上座舞罷 比一場雜戲也 然究基本意 亦寓勸懲之義 女如若懷貞 終爲謠亂 士始若守操 終爲乖悖 僧始若戒行 終爲疾往 此乃調戲人間 鮮克有終者也 覽者如是 少年白晳弄紅粧 撩亂春風釋腸 禪子幼作探香蝶 竟逐飛花上下狂.

후 한량이 신발 한 짝을 뒤에 감추고 다시 등장하여 색시에게 다가간다. 그리고 색시에게 신발을 신겨 본다. 신발이 색시의 발에 꼭 들어맞으니까 색시가 좋아한다. 한량도 기분이 좋아 함께 어울려 춤을 추며 돌아간다. 그래서 한량은 나머지 신발 한 짝을 가지러 퇴장한다.

이때 중이 무대에 나타난다. 예쁜 색시가 있는 것을 보고 그만 반한다. 중은 서서히 색시를 유혹하기 시작한다. 춤을 추며 색시의 주변을 빙빙 돌며 염주를 벗어 색시의 목에 걸어주며 유혹하자 결국 색시가 그 유혹에 넘어가 두 사람이 안고 춤을 춘다.

한량이 나머지 신발을 들고 다시 등장하다가, 중과 색시가 춤을 추는 것을 보고 한량이 중을 나무라듯이 부채로 어깨를 치니 중은 놀라 달아나고 색시는 목에 건 염주를 벗어 내동댕이치고, 한량에게 용서를 청하나 한량은 이것을 물리치고 화가 나서 주모에게 술을 청한다.

주모가 술상을 들고 신이 나서 자진타령장단에 엉덩이춤을 추면서 방정맞게 걸어 나오면 색시는 잘못을 깨닫고 무대 한쪽으로 물러나 울고 있다. 술상을 한량 앞에 놓고 한량 옆에 앉아 갖은 애교를 동원하여 관심을 사려하지만 화가 난 한량은 주모에게는 관심이 없고 술만 마신다.

처음에는 색시가 잘못을 빌어도 용서하지를 않던 한량이 결국 용서하고 함께 어우러져 짝춤을 추다가 색시가 한량의 술띠를 잡고 퇴장하면서 마무리한다.

3) 무복과 무구

한량은 남男 전복에 남색 쾌자, 옥색 두루마기를 입고 머리에 갓을 쓴다. 각시는 한복을 정갈히 차려입고 원삼을 입고 머리에 족두리를 썼다. 먹중은 시꺼멓고 흉측한 모습의 탈을 썼는데 송파산대놀이의 먹중역 중 옴중과 유사한 탈과 의상 차림으로 검정 장삼에 홍 가사를 두른다. 주모는 평상복 차림의 치마저고리에 치마자락을 여미어 질끈 맨다.

4) 반주 음악과 춤사위

반주음악으로는 한량이나 색시가 춤을 출 때, 먹중과 색시가 춤을 출 때는 허튼 굿거리에 반주되며, 주모가 춤을 출 때는 자진타령이 쓰인다.

한량은 한량의 품격, 자태를 강조하는 춤사위를 추며, 색시는 춤사위가 곱고, 부드러우며 섬세하다.

승려는 활개 치듯 활개춤을 추고, 주모는 엉덩이춤을 춘다.

7. 맺음말

강선영은 일제강점기에서 해방, 한국전쟁 그리고 산업화와 민주화를 거쳐 혼란과 격동의 세월을 살아왔다. 그녀가 영위한 세월은 예술을 하기에는 척박한 환경이었다. 유교의 보수적인 가부장적 관념에서 기인된 폐쇄적 분위기에서 춤을 춘다는 것은, 가족과의 불화를 충분히 예견한 것이었다.

그녀의 춤에 대한 열정은 고난과 역경 속에서 더욱 용솟음쳤다. 15세에 근대 전통무악의 거장 한성준에게 입문하여 경기류 전통춤 일체를 사사받고, 해방 후에는 민족문화의 원형탐색에 토대한 전통 재창조를 화두로 한 무용극을 통해 한국춤의 창조적 지평을 확산하는 한편, 우리 춤을 세계무대에 알리는 작업에 충실했다.

강선영의 삶과 예술은 한마디로 현대 한국무용사의 축소판과 다름없다. 그 누구보다 사회활동에 의한 공적이 크지만, 그래도 무용가 강선영을 평가하는 준거는 예술적 업적에 두는 것이 타당할 것이라 여겨진다.

무용가 강선영을 읽는 코드는 다음 두 가지이다. 우선 전통의 보존과 계승이라는 관점이고, 다른 하나는 무용극 창출에 기여한 창작무용가로서의 업적일 것이다. 전통사회에서 근대사회로 이행되면서 악가무樂歌舞 일체로 존재했던 우리 춤은 프로시니엄 극장 무대가 등장하고 서구적 공간미학이 추구되면서 독자적 장르화가 모색된다.

근대 전통무악의 거장 한성준이 전통춤을 집대성하고 극장무대화하는 과정을 통해 한국 춤의 새로운 패러다임을 열어놓았다면, 강선영은 스승에게 물려받은 '태평무'를 격조 있는 형식미로 완성하여 경기류 전통춤의 예맥을 정전화正典化했다는 점에 의의가 있다. 〈태평무〉는 1988년 중요무형문화재 제92호로 지정된 이후 공식집계에 따른 이수자만도 150여 명에 달한다. 또한 〈강선영류 경기검무〉는 2011년에 경기도무형문화재 제53호로 지정되었고,

〈한량무〉는 2013년 서울시무형문화재 제45호로 지정되었다.

한성준을 기원으로 한 강선영의 예맥은 이처럼 독보적 산맥을 형성하며 웅장하게 뻗어나가고 있다. 강선영을 인간문화재의 반열에 올려놓은 〈태평무〉는 이제 우리시대의 문화적 '아이콘'이 되어 있다.

한성준—강선영으로 이어지는 경기류 춤 예맥의 강건함은 세월의 흐름에도 녹슬지 않는 강선영의 변함없는 춤사랑에 있다. 강선영의 전통춤 맥잇기는 1996년 국회의원직을 마친 후 춤계로 복귀한 다음부터 본격화된다.

2000년 문예회관 대극장에서 개최된 〈한성준 그 춤의 재현〉은 그녀만이 할 수 있는 귀중한 무대였다. 스승 한성준의 예술적 업적을 기리기 위해 마련한 무대로 1930년대 창작한 전통춤 레퍼토리를 원형 복원하는 데 역점을 두어 그동안 전승이 단절되었던 춤들을 무대화하였다.

2005년에 개최된 〈明壽 강선영 불멸의 춤〉에서는 스승의 대표작과 춤꾼으로 일생을 살아온 삶과 예술적 여정을 자신의 명작을 중심으로 꾸몄다. '오늘 여기' 우리에게 있어 강선영의 존재가 더욱 소중하게 다가오는 것은 그녀가 근대 전통무악의 거장 한성준의 가장 큰 제자라는 점에 있을 것이다.

무용가 강선영을 읽는 또 다른 코드는 바로 무용극을 통해 한국춤의 창작적 지평을 확산시켰다는 점이다. 한국에서 무용극의 기원은 일제 강점기 최승희, 조택원으로 귀결되지만 그들이 해방 직후 국내 무용계를 떠나는 바람에 신무용의 무용극적 형식실험은 미학적으로 완결되지 못하고 중도 포기된 셈이었다. 이후 신무용의 무용극적 전통은 송범, 김백봉 등 소위 신무용가의 세례를 받은 무용가들에 의해 주도되었다.

당시 무용극에 대해서는 '전통의 현대화'를 구호로 내세우면서도 전통에 대한 진지한 탐구가 결여된 채, 형식적 변화만을 추구한 표피적인 모방 내지 답습이라는 비판이 제기되었다. 강선영은 도제식 교육을 통해 한성준의 전통춤 일체를 완전히 마스터하고 몸속에 내면화했다.

당대 화두가 되었던 '전통의 현대화' 구호에 있어 적어도 전통의 원형 내지 그 실체에 대해 완벽하게 내적內的 자산화하고 있었다는 점에서 그녀는 유리한 조건에 있었다고 보여 진다. 그동안 강선영을 평가하는 준거에 있어 창작무용가 혹은 안무가로서의 잣대는 전무했다.

그러나 그녀가 안무한 작품들은 당대 무용극이 갖는 한계를 탈피하면서 색다른 시도를 통해 창작춤의 예술적 진화를 주도했다는 점에서 특별한 가치가 부여된다. 따라서 강선영이 안무한 〈목란장군〉, 〈초혼〉, 〈열두무녀도〉, 〈수로부인〉, 〈원효대사〉, 〈황진이〉 등은 앞으로 새로운 관점에서 재해석되어야 할 것이다. 이들 작품은 전수개념 차원에서 이해되는 전통무용가 강선영을 창작무용가 혹은 안무가로서 재평가하도록 하는 좋은 근거가 된다.

강선영의 춤에 대한 열정은 팔순을 넘기면서 더욱 탄력을 받는 것 같다. 2006년 한국 전통무용가로는 최초로 뉴욕 링컨센터에 올라 우리 춤의 고유한 미적 특성을 과시하여 다시 한 번 이목을 집중시켰다. 81세의 나이에 직접 무대에 출연하여 〈태평무〉와 〈살풀이춤〉을 선보여 세계인을 놀라게 했다.

섬뜩한 기운으로 우리춤의 미적 진수를 유감없이 보여주어 격찬을 받았다. 건국 이후 해외공연을 가장 많이 다닌 무용가를 꼽으라면 아마도 강선영이 아닐까 한다. 그녀는 1940년 스승 한성준을 따라 일본공연을 다녀온 후 1960년대 초반부터 수를 헤아릴 수 없을 정도로 해외공연을 반복했다. 중남미 순회공연 때에는 비행기 추락사고를 당하는 고초를 겪기도 하였다. 다리를 다쳐 깁스를 하고 휠체어에 의지해 이탈리아 공연을 감행하였을 때에는 평생 잊을 수 없는 추억을 갖게 되었다. 바티칸시티 시가행진 때 교황요한바오로 2세를 직접 알현할 기회가 있었는데, 교황으로부터 건강과 예술활동을 축복받는 영광을 누리기도 했다.

강선영은 이렇듯 온갖 시련과 기쁨이 교차하는 가운데 평생 170여 개국에서 1,500여 회에 달하는 공연활동을 가졌다. 일제강점기 신무용가 최승희, 조택원이 일본과 유럽, 미국 등 이른바 선진국에 진출했다면 강선영은 일본, 유럽, 미국은 물론 아시아, 남미, 아프리카, 중동 등 한국과 정식 국교를 맺지 않은 나라에 진출하여 한국춤의 문화적 우수성을 알리는 소위 문화사절단으로서의 역할을 톡톡히 해냈다.

강선영은 우리 무용계의 정신적 지주이자 가장 존경받는 큰 어른이기도 하다. 무용콩쿠르 수상자의 군軍면제에서부터 무형문화재 예능보유자의 예우문제 개선, 신무용가 조택원 춤비의 국립극장 경내 건립, 고향 안성에 건립한 태평무전수관과 그 앞마당에 세운 스승 한성준 춤비와 『춤』지 발행인 조동화 흉상 등 이루 헤아릴 수 없을 정도로 다양한 업적을 남겼다.

특히 『춤』지 발의로 시작하여 무용가들의 모금운동으로 시작된 조택원 춤비를 국립극장 앞마당에 건립할 때, 강선영의 역할은 절대적이었다. 공공장소에 조각상을 세운다는 것이 원칙적으로 불가한 것이었으나 당시 국회의원이던 강선영의 노력으로 건립이 가능하게 되었다. 조택원 춤비는 현재 국립극장에 세워진 유일한 예술가 조각상으로 남아있다.

강선영은 이렇게 늘 춤문화운동의 중심에 있었다. 무용가로서 보기 드물게 주요 공직과 요직을 두루 거친 행운을 세속적 욕망의 산물로 부식시키지 않고, 공적公的자산화 했다는 점에서 강선영의 존재는 더욱 빛이 난다.

우리 무용계에서 차지하는 강선영의 존재감은 그녀를 지칭하는 여러 수식어가 대변하고 있다. '대해大海'에서부터 '큰 집', '여의도 누님'으로 불리는 강선영은 예술과 정치의 경계를 절묘하게 넘나들 줄 아는 지혜를 타고났다. 외유내강外柔內剛의 여장부다운 기질, 그리고 포용과 통합의 리더십으로 한 시대를 이끌어왔다. 그녀의 삶과 예술은 무용가로서는 보기 드문, 그 누구도 흉내낼 수 없는 '큰 어른'다운 특별한 행보였다.[18]

---

18) 성기숙, 앞의 책, 439-441쪽.

〈참고자료〉 강선영 연보[19]

* 1925년 1월 19일생(음력 : 1924년 12월 25일)
* 1937년 3월 한성준 고전음악무용연구소 입소
* 제92호 중요무형문화재 『태평무』 예능보유자

〈경력 및 공연〉

－1940년	한성준무용단 부민관공연, 지방순회공연(대전 전주 광주 목포여수 부산 통영 등)
	한성준무용단 일본 도쿄, 오사카, 나고야, 교토 등 순회공연
	북선(개성, 원산, 북청, 신의부), 만주공연
－1951년	강선영 고전무용연구소 개설(서울 서대문)
－1953년	제1회 신작 발표회〈법열〉(10월 명동 시공관)
－1954년	전국문화단체총연합회 중앙위원
	미국 닉슨 부통령 환영공연에서 태평무 발표
－1955년	제2회 신작 발표회〈목란 장군〉(10월 시공관 · 동양극장)
－1957년	제3회 무용극〈농부와 선녀XII월)
－1959년	제4회〈수선화〉(2월)
－1960년	파리 국제민속예술제 참가(5월 프랑스, 스위스공연)
－1961년	아시아문화협회초청 문화사절로 일본순회공연(4월)

19) 이세기, 『여유와 금도의 춤』, 서울 : 푸른사상사, 2003, 314-318쪽.

도쿄국제여학사회 초청 동남아 무용제(11월)
파리 국제민속예술제〈무당춤〉공연

- 1962년 한국무용협회 이사, 국립무용단 안무자
- 1963년 국립무용단 정기공연 〈열두무녀도〉 안무 · 출연
  PATA(태평양지역 여행협회)초청 일본공연(한국관광공사)
- 1977년 영국 등 유럽 11개 지역 공연(한국관광공사)
- 1978년 중남미 아프리카 중동 24개국 공연
- 1980년 시드니 민속무용축제 참가(2월 한국관광공사)
  토론토 민속무용제 참가(8월 외무부)
  아랍에미레이트 듀바이 공연(10월 외무부)
- 1981년 한국예술단체총연합회 이사, 한국무용협회 부이사장
  무용극 〈황진이〉 안무 · 출연, 미국 녹스빌 엑스포 한국관 공연
  아랍 에미레이트 아부다비 바레 인 공연(외무부)
- 1982년 세종문화회관 주최 '명무전'에서 태평무 공연(6월)
- 1983년 민정당 중앙위원회 여성분과위원회 부위원장
  한국국제문화협회파견 일본 민속무용제 참가
  중동지역(쿠웨이트 바레인 카타르)순회 민속무용공연(11월)
- 1984년 뉴올리언스 엑스포 한국관 공연(5월부터 4개월 KOTRA)
  엑스포 공로상 수상
- 1985년 한국무용협회 이사장(86년)

한국국제문화협회 파견, 일본 쓰쿠바 과학 박람회 공연(6개월)

—1986년 밴쿠버 엑스포 한국관 공연(6개월 KOTRA)
CIOFF(세계민속예술축제) 이탈리아 세계민속대회 참가(7월 국제문화협회)

—1987년 한국예술단체 총연합회 부회장
대한민국무용제 전야제 초청공연(한국무용협회)
한국국제문화협회파견 세계민속대회 참가,
CIOFF프랑스 대회 참가(7월 국제문화협회)
부천시립회관 개관 공연에서 태평무(12월)

—1988년 브레스벤 엑스포 한국관 공연(6개월 KOTRA)
CIOFF 영국 대회참가(7월 국제문화협회)
88서울올림픽 홍보사절단 일본순회공연(올림픽 조직위)
88서울올림픽 폐막식 공연(올림픽 조직위)
중요무형문화재 제92호 태평무예능보유자(12월)

—1989년 몰타 포르투갈 폴란드 이·영·벨지움 6개국 순회공연
일본 요카토피아 엑스포 참가(국제문화협회)
중국 광동성 초청 민속무용 공연(한국무용협회)

—1990-92년 한국예술단체 총연합회 회장
오사카 엑스포 한국관 공연(90년)
CIOFF폴란드 대회 참가, 바웬사 특별상(국제문화협회)

'93 대전 엑스포 문화자문위원장 선임

―1991년 단국대 경영대학원 예술경 영학과 수료

몽골 독립70주년 기념초청 공연(몽골정부)

중국(북경, 연변), 백두산 공연(한국무용협회)

중국 조선족 무용세미나 개최(11월)

―1992-96년 제14대 국회의원(문화체육 공보위원)

국회여성특별위원회 위원, 국회문공위원회 상임위원

안중근의사 사업추진위원회 고문

스페인 엑스포 한국관 공연(92년 KOTRA)

캐나다 토론토 캐러밴 페스티발(안무상, 의상상, 특별상)

―1993년 민자당 당무위원, 여성문제연구위원장

서울예술단 후원회 부회장

대전 엑스포 민속무용 공연(한국무용협회)

모스크바 레닌그라드 카자흐스탄 순회공연

LA한인회관 건립 초청공연(LA예총지부)

강선영 무용 55주년 기념공연 '나의인생, 우리의 춤' (9월 국립극장 대극장)

―1994년 연세대 행정대학원 고위정책과정 수료

국회 문화체육여성특별위원회 위원

제10회 인구개발 아시아 회의 한국대표 참가(2월)

한국문화여술진흥원 이사(현)

―1995년 제11회 인구개발 아시아회의 한국대표(5월)

우즈베키스탄 친선문화교류 공연(5월)

CIOFF 일본 대회 참가(7월)
국립민속박물관 우리 민속 한마당 공연(국립중앙박물관)
KBS국악관현악단 정기공연 '춤과의 만남'

-1996년 신한국당 중앙선거대책위 고문
제12회 인구개발 아시아 회의 한국대표참가(6월)
신한국당 상임고문청소년 예술제 참가 공연(중앙국립극장)
한 · 중 · 일 불교문화대제전 초청공연(한국불교종단협의회)

-1997년 한나라당 상임고문(연임)
세종대학교 사회교육원 무용원 강사

-1998년 한양대 무용과 강사
무형문화재 제92호 태평무 전수관 신축개관(6월)
민주평화통일 자문회의 상임위원(7월)
헝가리 국제민속무용축제 한국대표 참가(8월)
태평무 전수관(안성) 개관
일본 오이타현 무용축제 참가(10월)

-1999년 CIOFF 일본 대회 참가(7월)
제1회 전국전통무용경연대회 개최(7월)
경기도 도민회 부회장 및 여성위원회 위원장
안성포도100주년 추진위원회 위원장

-2000년 '한성준선생 그 춤의 재현'(2월 문예회관)
미국 LA 한국의 날 기념행사 참가(5월)

제2회 전국전통무용경연대회 개최(6월)
CIOFF 일본 대회 참가(7월)
안성시민회관에서 전통무용대공연(8월)
한국예술종합학교 전통원 강사
한국예술종합학교 무용원 강사

—2001년 한성준 춤비 제막(4월)
정동극장 명무전, 국악원 개원 50주년 기념공연(4월)
제3회 전국전통무용경연대회 개최(6월)
안성시 전통무용대축제(10월 안성시민회관)
문화계청 주최 제32회 무형문화재 발표회(11월)
서울시립무용단 정기공연, '태평무', '무당춤' 안무(11월)
세종대 무용원 강사

—2002년 한국명작무 〈태평무〉 공연(문예회관)
제4회 전국전통무용경연대회 개최(6월)
중국 제1회 훅호트(Huhhot) 국제민속축제
CIOFF 내몽고 대회 참가(8월)
안성시 전국무용대축제 '우리춤, 우리 향기'(11월 안성시민회관)

—2003년 중앙대 초빙 교수
중요무형문화재 태평무 발표(문화재청 주최)
제5회 전국전통무용경연대회 개최(6월)

—2004년 중국 제3회 훅호트(Huhhot) 국제민속축제(최우수 단체상)

-2005년 춤인생70년 회고기념 '明嘉 강선영 불멸의 춤' 개최
유네스코 국제무용협회 한국본부 주최 '전무후무'
(태평무 출연)
제25회 대한민국국악제 '명인에게 길을 묻다'(태평무
출연)
-2006년 LA 한국문화원 '한국 무용예술의 어제와 오늘'
(태평무 출연)
한 · 불수교 120주년기념 프랑스 샤또발롱과
몽펠리에 극장 공연
뉴욕 링컨센터의 스테이트시어터에서 공연
-2008년 『춤』지 발간인 조동화 흉상제막식(태평무전수관)

〈수상〉

-1965년 제12회 아시아영화제 무용부문 〈초혼〉 작품상 수상
서울시 문화상 수상
-1973년 옥관문화훈장 서훈
국민훈장 목련장 서훈
-1975년 대한민국 문화예술상 수상
-1994년 서울시 문화상 수상
-2006년 한국예술발전상 특별공로상 수상

이종숙

김숙자의 춤 활동 연보 재고*

1. 머리말

이 연구는 국가무형문화재 제97호 살풀이춤의 보유자였던 고故 김숙자金淑子(1927-1991)의 무용관련 활동 연보를 재고하려는 데 목적이 있다. 김숙자의 기존 활동연보는 선행연구 및 자료들마다 서로 다른 내용을 제시하고 있다. 따라서 일부 내용의 경우는 독자들을 혼란스럽게 하고 있기 때문에 이를 바로잡아야 할 필요가 제기된다. 심지어 김숙자 사후 10년 동안 행해져 왔던 김숙자 추모공연의 팸플릿들조차 김숙자의 활동 내용과 연대가 서로 맞지 않거나 잘못된 연보를 제공해 오고 있다. 그리고 무엇보다 심각한

---

* 이 논문은 2019년 1월 12일 한국전통춤협회 학술포럼에서 발표한 졸고 「김숙자의 예술생애와 춤 조명」을 수정 보완하여 『무용역사기록학』 제52호(무용역사기록학회, 2019.03), 159-192쪽에 게재된 것임.

것은 오류에 대한 반성 없이 계속 반복하여 그대로 재생산되어 온 점이다.

김숙자에 관한 활동 연보를 다룬 첫 자료는 1983년 시립무용단이 주최한 『한국명무전II』 팸플릿[1]이다. 이를 필두로 1991년 김숙자 사후 1주기[2] · 3주기[3] · 5주기[4] · 7주기[5] · 9주기[6] 추모공연이 있었고, 이에 따른 팸플릿에 김숙자의 무용활동 연보가 제시되어 왔으나, 그 내용에 신뢰할 수 없는 사항들이 있어서 여기에 문제를 제기하는 바다.

한편, 김숙자와 관련한 연구는 1979년 김명숙의 「도당굿의 무무巫舞에 대한 고찰」에서 처음 시작되었는데, 4대째 세습 무계를 이은 김숙자를 중심으로 현지 조사한 석사논문이었다.[7] 이후 2000년부터 2018년까지 석 · 박사학위논문이 15편 발표되었고, 국내학술지논문은 8편이 게재되었다. 이 중 살풀이춤 혹은 도살풀이춤을

---

1) 김영희 · 한정옥 채록, 「부정놀이춤 : 경기무속무용의 예능보유자 金淑子」, 『한국명무전II : 서울시립무용단 제14회 정기공연』 팸플릿, 세종문화회관대강당, 1983.03.23.-24., 109쪽.

2) 중요무형문화재 제97호 도살풀이 주최, 『故 金淑子(藝能保有者) 1周年 追慕公演』 팸플릿, 중요무형문화재 제97호 「도살풀이」 주최, 문예회관대극장, 1992.12.01., 속지 38쪽.

3) 김숙자 살풀이춤 보존회 주최, 『중요무형문화재 제97호 도살풀이 故 김숙자 선생 3주기 추모공연』 전단지, 문예회관 대극장, 1994.12.15., 1장짜리 전단지만 전하고 있어서 실제 팸플릿의 내용은 확인할 수 없었으나, 팸플릿이 있다면, 내용상 동일한 연보가 제시되었을 것으로 추정된다.

4) 김숙자 살풀이춤보존회 주최, 『중요무형문화재 제97호 도살풀이 故 김숙자 선생 5주기 추모공연』 팸플릿, 문예회관 대극장, 1996.12.10., 속지 1쪽.

5) 김숙자 살풀이춤 보존회 주최, 『중요무형문화재 제97호 「도살풀이춤」 고 김숙자 선생 7주기 추모공연』 팸플릿, 문예회관 대극장, 1998.12.06., 속지 1쪽.

6) 김숙자 살풀이춤 보존회 주최, 『중요무형문화재 제97호 도살풀이춤 고 김숙자 선생 9주기 추모공연』 팸플릿, 동숭아트센터 동숭홀, 2000.11.27., 속지 1쪽.

7) 김명숙, 「都堂굿의 巫舞에 대한 考察」, 이화여자대학교 석사학위논문, 1979, 2쪽.

집중 논의한 연구는 7편[8]이고, 김숙자의 무계巫系 및 재인청 계통의 춤들을 논의한 것이 9편[9]이며, 주로 김숙자의 생애를 연구한 논문은 4편[10]이다. 전체적인 연구의 숫자는 많지 않지만, 총 24편의 논문 중 박사학위논문이 4편이나 된다는 것은 김숙자 춤에 대한 학술적 무게감이 결코 적지 않다는 것을 대변할 수 있겠다.

8) 곽은경, 「김숙자 도살풀이춤의 무대화 전이과정에 관한 연구」, 이화여자대학교 대학원 석사학위논문, 2003; 김한덕, 「김숙자 도살풀이춤 동작 분석 연구」, 숙명여자대학교 전통문화예술대학원 석사학위논문, 2003; 김주미, 「김숙자 도살풀이춤의 미적 고찰」, 숙명여자대학교 전통문화예술대학원 석사학위논문, 2004; 정아영, 「김숙자류 도살풀이춤에 내재된 절정에 관한 연구」, 한국예술종합학교 석사학위논문, 2013; 박지영, 「김숙자류 도살풀이춤과 이매방류 살풀이춤의 비교 고찰」, 고려대학교 대학원 석사학위논문, 2007; 정선희, 「경기시나위 도살풀이춤의 원형성과 예술성 연구」, 성균관대학교 박사학위논문, 2017; 이미란, 「김숙자의 삶을 통해 본 도살풀이춤에 내재한 의미 연구」, 『체육사학회지』 Vol.23 No.1, 한국체육사학회, 2018, 55-70쪽.

9) 임수정, 「김숙자의 부정놀이춤 연구 : 동작구조의 분석을 중심으로」, 중앙대학교 대학원 석사학위논문, 2000; 원명숙, 「경기도당굿 춤장단이 한국전통무용에 끼친 영향에 관한 연구」, 용인대학교 석사학위논문, 2002; 정성숙, 「재인계통 춤의 특징과 무용사적 가치연구 : 한성준 · 이동안 · 김숙자 중심으로」, 성균관대학교 박사학위논문, 2008; 한수문, 「김숙자류 터벌림춤의 가치론적 연구」, 한양대학교 대학원 박사학위논문, 2012; 정지현, 「문명화 과정으로서 김숙자류 올림채춤의 역사 사회학적 분석」, 경기대학교 일반대학원 박사학위논문, 2013; 정성숙, 「김숙자춤의 무용예술사적 의의 고찰」, 『韓國舞踊教育學會誌』 Vol.22 No.2, 韓國舞踊教育學會, 2011, 101-114쪽; 김말애 · 최현주 · 이소정, 「재인청을 통한 김숙자 춤의 유형적 특성 연구」, 『한국체육과학회지』 Vol.21 No.5, 한국체육과학회, 2012, 947-958쪽; 김기화, 「경기도당굿 군웅춤과 김숙자류 부정놀이춤의 비교연구 : 부정놀이 장단의 부채, 방울춤을 중심으로」, 『한국무용연구』 Vol.24 No.1, 한국무용연구회, 2006, 37-77쪽; 한수문, 「김숙자류 경기시나위춤에 관한 고찰」, 『공연문화연구』, Vol.22 한국공연문화학회, 2011, 413-439쪽.

10) 李知娟, 「김숙자의 生涯와 춤에 대한 考察」, 淑明女子大學校 大學院 석사학위논문, 2005; 양길순, 「구술(口述)로 본 김숙자 연구」, 중앙대학교 국악교육대학원 석사학위논문, 2006; 성기숙, 「恨과 神明을 넘나든 초탈의 경지 : 金淑子論」, 『대한무용학회논문집』 Vol.31, 대한무용학회, 2001, 49-67쪽; 이병옥 · 양길순, 「김숙자 생애와 가계전승 춤 연구」, 『용인대학교 논문집』 Vol.27, 龍仁大學校, 2009, 41-60쪽.

김숙자는 1927년丙寅生 11월 27일에 김덕순金德順과 정귀성鄭貴星의 6남매 중 다섯째로 태어났다.[11] 3남 3녀 중 셋째 딸이며, 아래로 동생 김경식이 있다. 부친은 안성 재인청과 화성 재인청을 오가며 당시의 재인들을 지도한 선생이며, 화랭이 출신으로 판소리 명창이기도 했다. 또 어머니는 세습무당이었으며, 경기도 무악巫樂반주로 유명한 정일동鄭日東과는 외사촌 간이었다.[12] 김숙자의 조부 김석창金碩昌[13] 역시 판소리 중고제 소리의 마지막 명창으로 꼽혔다고 한다.[14]

그러나 김석창이 사망한 후 그 부인은 무녀독남 김덕순을 데리고 안성 박모씨 집으로 재가하였는데, 새 집에서 구박을 받아 김덕순은 10대 중반에 가출하여 부친 김석창의 친구들을 따라다니며 국악 활동을 했다.

---

11) 문화재연구소 예능민속연구실 편, 『무형문화재조사보고서(14) : 승무 · 살풀이춤(서울 · 京畿 · 忠淸篇)』, 문화재연구소, 1991, 16-17쪽. 구희서, 「경기 무속장단과 춤의 정수」, 『故 金淑子(藝能保有者) 1周年 追慕公演』 팸플릿, 중요무형문화재 제97호 「도살풀이」 주최, 문예회관대극장, 1992.12.01., 속지 16쪽에 따르면, 김숙자는 '섣달 스무날'이 자신의 생일이라고 했다. 즉 '8세가 되는 12월 20일 생일날에 도살풀이를 띠어서 춤시레를 했다'고 하였다. 음력 1927년 11월 27일을 양력으로 환산하면 1927년 12월 20일이 된다. 그런데 『故 김숙자 선생 5주기 추모공연』 팸플릿에는 "김숙자 여사는 1926년 12월 20일에 태어났다"고 표기하기 시작했다. 김숙자의 본 생일을 1926년으로 바로 잡아 표기한 것이다.

12) 양길순, 「구술(口述)로 본 김숙자 연구」, 11쪽.

13) 노재명, 「충청도 공주 중고제 판소리 거장 김석창과 그 일가」, 『명창의 증언과 자료를 통해본 판소리 참모습』, 서울 : 나라음악큰잔치 추진위원회, 2006, 137쪽; 국악음반박물관, [검색일 : 2018.12.10.], http://www.hearkorea.com/gododata/gododata.html?g_id=8&g_no=16808. "충남 공주 출신인 조부 김석창은 '천하명창 이동백이 극찬한 소리꾼'의 한 사람이었다고 한다. 김석창은 '아니리를 잘하고 풍채도 좋았고 특히 각도의 마부, 말, 사투리가 다양하게 나오는 〈춘향가〉 중 〈신연맞이〉 마부타령을 잘했다'고 한다."

14) 김석창(金碩昌), 네이버 지식백과, 한국전통연희사전, [검색일: 2018.12.10.], https://terms.naver.com/entry.nhn?docId=3325714&cid=56785&categoryId=56785.

> 김덕순은 어려서 부친 김석창과 김석창의 친구들에게 소리를 배웠는데 판소리 다섯 바탕과 신작판소리 '이준 열사가' 등을 할 줄 알았다. 그리고 김덕순은 해금, 피리, 대금, 가야금, 거문고, 아쟁, 설장고, 꽹과리, 시조창, 재담 등도 잘했고 피리, 대금, 가야금을 직접 만들어 연주했다. 또 김덕순은 굿판에서 반주와 마달 소리도 했고 전통춤, 줄타기도 하였으며 악기로 풍류와 산조를 연주했다. 김덕순은 악기의 경우 해금과 피리를 주로 연주했는데 저녁에 혼자 집에서 해금을 2-3시간씩 자주 연주하곤 했다.
>
> 김덕순은 아명이 김덕배, 본적이 안성 곡천리이고 충청남도 공주에서 태어나 정모씨와 혼인한 후 공주에서 살다가 안성으로 다시 이주하여 살았다.[15)]

이렇게 김숙자는 대대로 재예才藝를 생업으로 하는 무계巫系 집안에서 태어났고, 아버지 김덕순으로부터 인용문에 나열된 종목인 해금, 피리, 대금, 가야금, 거문고, 아쟁, 설장고, 꽹과리, 시조창, 재담 등을 거의 섭렵하였다고 한다. 아버지를 초년 스승으로 특히 판소리, 줄타기 외 악기들까지 전반적 국악학습에 주력했다고 한다.[16)]

이하는 이 연구의 목적에 따라 김숙자의 춤 관련 활동 연보를 재고해보기로 하겠다. 1983년 『한국명무전II : 서울시립무용단 제

15) 노재명, 「충청도 공주 중고제 판소리 거장 김석창과 그 일가」, 『명창의 증언과 자료를 통해 본 판소리 참모습』, 137쪽; 국악음반박물관, [검색일: 2018.12.10.], http://www.hearkorea.com/gododata/gododata.html?g_id=8&g_no=16808.

16) 양길순, 「구술(口述)로 본 김숙자 연구」, 부록 15-19쪽(이산용 대담, 1998년 8월 26일, ③ 2a).

14회 정기공연』 팸플릿의 김숙자 연보와 김숙자의 1991년 12월 23일 사망 후 그를 추모하는 주기별 공연 팸플릿들,[17] 그리고 2001년 성기숙 논문에 제시된 연보와 2006년 양길순의 석사학위 논문에 제시된 '김숙자 예술활동 경력'을 차례로 비교하여 그 문제점들을 제시하고, 내용적 오류를 바로잡는 데 힘쓰겠다.

2. 무계巫系 출신 김숙자의 초년기 학습 연보

김숙자는 "6세에 아버지로부터 직접 춤을 전수받았다." 그리고 "7세부터 입춤(기본살풀이춤)을 출 정도로 재주가 놀라웠다."고 한다.[18] 도살풀이춤은 굿거리를 배우고 나서 여덟 살 먹던 해 선달 스무 날에 떼었다고 했다. 도살풀이춤을 뗀 후 춤시레를 다음과 같이 했다고 한다.

> 도살풀이 춤은 우리 전통무용의 대표격이니께 굿거리 배우고서 도살풀이 배웠지. 여덟 살 먹던 해 선달 스무 날에 그날이 내 생일이니까, 그날 도살풀이 띠어 가지고 춤시레를 했어요. 그때는 천자문을

17) 중요무형문화재 제97호 도살풀이 주최, 『故 金淑子(藝能保有者) 1周年 追慕公演』 팸플릿, 속지 38쪽; 김숙자 살풀이춤 보존회 주최, 『중요무형문화재 제97호 도살풀이 고 김숙자 선생 5주기 추모공연』 팸플릿, 속지 1쪽; 김숙자 살풀이춤 보존회 주최, 『중요무형문화재 제97호 「도살풀이춤」 고 김숙자 선생 7주기 추모공연』 팸플릿, 문예회관 대극장, 1998.12.06., 속지 1쪽; 김숙자 살풀이춤 보존회 주최, 『중요무형문화재 제97호 도살풀이춤 고 김숙자 선생 9주기 추모공연』 팸플릿, 동숭아트센터 동숭홀, 2000.11.27., 속지 1쪽.

18) 문화재연구소 예능민속연구실 편, 『무형문화재조사보고서(14) : 승무 · 살풀이춤, 서울 · 京畿 · 忠清篇』, 17쪽.

떠어도 책시레를 했어요. 살풀이 복색을 해서, 명주로 치마저고리 한 벌을 하얗게 해서 선생한테 주고, 백설기를 쪄 가지고 그 위에다 청수를 떠놓고 아랫목에다 놓고서 절을 해요. 그러고 예술헌다는 분들 모셔놓고 춤을 추는 거예요.[19]

김숙자의 어린 시절 기억에 의하면, 당시 경기도 안성군 보개면 곡천리에 있던 자신의 집이 그 동네에서 제일 컸다고 한다.

절집 같이 그렇게 높았거든요. 옛날에 내가 상상할 때는 봉당도 널따랗고 뜰도 크고 이랬어요. 그런데 그 집이 산 밑이랄까 뒤곁에다 굴을 파놓고 춤을 했어요. 굴 옆에 가서 복상나무(복숭아나무)가 있었고, 낮에는 복상나무 밑에서, 여름에 그 가운데서 앉아서 허고, 인제 또 남들이 추울 때는 굴속에 들어가서 허고 그랬어요.[20]

이 인용문으로 볼 때, 김숙자의 10여 세 어린 시절까지는 신분상의 어려움은 있었으나, 경제적으로 크게 궁핍했던 살림은 아니었던 것 같다. 그러나 김숙자는 아버지 김덕순의 엄격한 교육 방침으로 인해 늘 심하게 배를 곯았고, 소리나 춤을 배움에 있어서도 매질을 견뎌야하는 고통이 매우 컸던 것으로 묘사했다. 오로지 명창과 명무로 성장시키는 것이 부모님의 소원이자 어머니 기도

19) 구희서, 「경기 무속장단과 춤의 정수」, 『故 金淑子(藝能保有者) 1周年 追慕公演』 팸플릿, 속지 16쪽.(자료제공 : 양길순)
20) 구희서, 「경기 무속장단과 춤의 정수」, 『故 金淑子(藝能保有者) 1周年 追慕公演』 팸플릿, 속지 13쪽.

의 주 내용이었다고 했다.[21]

김숙자의 초년 학습과 일제강점기 활동에 대한 연보는 아래와 같이 비교된다.

〈표 1〉 김숙자의 일제강점기 무용학습 연보 비교

비교 저작물(제작연도)	연대	활동 사항
『한국명무전II』(1983)	1934. 4.	김덕순에게 무속무용 사사
	1941. 2.	조진영선생에게 전통무용 사사
	1941. 3.	안성국민(초등)학교 졸업
김숙자 1주기 추모공연(1992)	1940. 5.	김덕순선생 무속무(巫俗舞)와 창(唱) 사사
	1941. 3.	안성국민(초등)학교 졸업
	1943. 3.	조진영선생 전통무용과 창 사사
김숙자 5 · 7 · 9주기 추모공연(1996-2000)	1940	김덕순 선생으로부터 무속무용과 창을 전수
	1943	조진영 선생으로부터 무속무용과 창을 전수
성기숙 논문(2001)	1934	부친 김덕순으로부터 가야금과 판소리 등을 배우며 전통예술에 눈을 뜨기 시작했다
	1940	부친 김덕순에게 경기도당굿에 포함된 무속춤 익혔다
	1941	보개초등학교 졸업 조진영에게 입문 광주 도당굿판에서 승무와 무속춤 첫 공연을 가졌다
	1943	부친과 함께 서울로 이사, 관수동에 머물던 이동안무용단체 입문, 그에게 춤과 악기를 배웠다
양길순 논문(2006)	1940. 5.	김덕순 선생님께 무속무 및 창 사사
	1941. 3.	안성초등학교 졸업
	1943. 3.	조진영 선생님께 전통무용 및 창 사사

21) 구희서, 「경기 무속장단과 춤의 정수」, 『故 金淑子(藝能保有者) 1周年 追慕公演』 팸플릿, 속지 14-15쪽.

1983년 제작된 『한국명무전II』 팸플릿의 김숙자 연보는 김숙자 구술을 기초하여 그녀의 '학력과 경력'을 제시한 것이었다. 특별한 재능을 타고난 그녀가 유난히 배우고 싶어 하여 아버지가 딸에게 "6세가 되어서야 비로소 판소리, 무용, 가야금 등을 가르치기 시작했다."[22]고 하였다. 1927년생인 김숙자의 관습나이 6세를 더하면 1932년이 되어야 할 것[23]인데, 『한국명무전II』 팸플릿에는 1934년을 제시한 것이다. 성기숙 역시 이 점에 대해서 계산 없이 그대로 수용한 것으로 보인다. 반면, 추모공연 1주기(1992년) 팸플릿에서부터는 1940년 5월부터 부친 김덕순으로부터 무속무와 창을 사사한 것으로 표기되기 시작한다. 이는 『한국명무전II』 팸플릿에서 "12세가 되면서 처음 아버지로부터 무속무용에 대해 배우기 시작했으나…"[24]라고 한 말을 반영하여 연도를 산정한 것으로 보인다.

그런데 『故 김숙자 선생 5주기 추모공연』 팸플릿에는 "김숙자 여사는 1926년 12월 20일에 태어났다."[25]고 표기하기 시작했다. 1927년 11월 27일은 호적(주민등록)상의 표기라는 뜻이다. 따라서 이하의 나이 계산은 음력 1926년 12월 20일생으로 정리하기로 하겠다.

---

22) 김영희 · 한정옥 채록, 「부정놀이춤 : 경기무속무용의 예능보유자 金淑子」, 『한국명무전II : 서울시립무용단 제14회 정기공연』, 100쪽.

23) 한국의 관습나이는 태아 시기로부터 헤아리므로 태어나자마자 1세로 셈한다. 그리고 한 해의 구정 설날을 기준으로 1세를 더하므로 김숙자는 1927년 11월 27일에 태어나자마자 1세였고, 1928년 2월경부터는 2세가 되었으며, 1932년에는 6세가 되었다고 계산할 수 있다.

24) 김영희 · 한정옥 채록, 「부정놀이춤 : 경기무속무용의 예능보유자 金淑子」, 『한국명무전II : 서울시립무용단 제14회 정기공연』, 101쪽.

25) 김숙자 살풀이춤보존회주최, 『중요무형문화재 제97호 도살풀이 故 김숙자 선생 5주기 추모공연』 팸플릿, 1쪽.

1926년에 12세를 그대로 더하여 계산하면 1938년이 되는데, 이번에는 1940년을 제시한 것이다. 12세를 관습나이로 본다면 1937년이 적정할 것이다. 보개보통학교(현재의 안성초등학교)를 졸업한 해도 역시 1941년이라고 한 것은 그녀의 나이 8세에 입학하여 13세에 졸업했다고 보았기 때문이다.

김숙자의 구술을 정리하여 연보를 만들어 제시한 이들의 첫 실수가 오류를 생산하고, 이를 다시 다음 사람이 이어서 잘못된 정보를 재생산한 결과였다. 게다가 정병호鄭昞浩(1927-2011)는 김숙자가 "13세부터는 조진영趙鎭榮(창우)에게 살풀이춤과 승무를 배우는 등 창우들이 창작한 교방계통의 고전무용을 이수"했다[26]고 하였지만, 정병호의 보고서와는 달리 심우성沈雨晟(1934-2018)과 이보형李輔亨(1935년생)은 김숙자를 무속무용가로 몰아갔다.

> 유년시절부터 부모로부터 무속무용과 창을 익혔고, 당시의 무속무용의 대가 고 조진영에게서 시나위춤과 창을 전수받은 사람으로 경기시나위춤 7바탕인 진쇠춤 · 제석춤 · 터벌림춤 · 손님굿춤 · 군웅님춤 · 쌍군웅님춤 · 도살풀이 시나위춤을 거의 방수(법도 규격)에 어김없이 전수하고 있다.[27]

성기숙은 "수원권번 소리선생" 조진영에게 "무릎제자로 입문하여 소리와 권번에서 전수되던 각종 춤을 배우게 된다."고 심우성

26) 정병호, 『무형문화재조사보고서 제185호 : 살풀이춤』, 문화재관리국, 1989, 630쪽.
27) 심우성 · 이보형, 『무형문화재조사보고서 제121호 : 안성무속(경기시나위춤)』, 문화재관리국, 1976, 463쪽.

의 글을 기초로 소개하였다.[28] 그래서 성기숙은 1941년에 조진영에게 입문했다고 표기하였다. 하지만 김숙자 추모공연 팸플릿들에는 1943년부터 조진영에게 전통무용과 창을 학습한 것으로 표기한 것을 보게 된다.

심우성에 의하면, 김숙자는 조진영으로부터 "승무, 태평무, 검무, 학무, 한량무, 신선무, 팔선녀, 입춤 등"을 배웠다고 하였다.[29] 구희서는 김덕순이 김숙자 17세 때에 "수원권번 소리선생 조진영에게 보내 소리공부를 더 시켰다."고 하였다. 어쩌면 이와 관련하여서 1943년이라는 시점이 등장했을지 모른다. 하지만 17세를 관습나이로 본다면 1942년경이 되어야 한다. 이처럼 조진영과 김숙자의 관계에 있어서 둘의 만남의 시기를 기록마다 각기 다르게 표기하고 있으며, 그에게서 배운 내용에도 각각 차이가 드러나는 점에 주목해볼 일이다. 심우성은 게다가 17세에 위안대로 끌려갔다고 하니, 이 시기에 대한 보다 면밀한 연구가 요구된다.

김영희와 한정옥이 1983년 실시한 구술채록에는 아래와 같이 기술되어 있다.

> 아버지는 그녀를 더 큰 재목으로 키우기 위해 고향인 안성 선면에 있는 쑥굴절로 데리고 가 600일간 소리와 춤, 그리고 줄타기 등을 공부시켰다.

---

28) 성기숙, 「恨과 神明을 넘나든 초탈의 경지 : 金淑子論」, 『대한무용학회지』 제31호, 대한무용학회, 2001, 52쪽.

29) 심우성, 「역동성, 건강성, 남성다움을 되찾아」, 『故 金淑子(藝能保有者) 1周年 追慕公演』 팸플릿, 속지 20쪽.

당시 가끔 집에 드나들던 조진영(무속무용의 대가)이란 분이 계셨는데 그분은 아버지와 친분이 있는 사람으로 수원의 권번 선생님이셨다. 조진영 선생은 특히 시나위춤, 화초사거리, 육자배기를 잘하신 분으로 귀여워하던 친구의 딸에게 자신의 모든 기예를 전수시켰다. 그런데 어찌나 빨리 배우고 쉽게 자기 것으로 만들어 버리는지 가르치는 조진영 선생조차 감탄하시더라고 전한다.[30)]

이상의 인용문으로 본다면 조진영과 김덕순의 관계는 친한 친구임에는 틀림없는 것 같다. 수원권번에 있었던 것도 어느 정도 분명한데, 어떤 글에는 소리선생이라고 하고, 어떤 글에는 무속무용의 대가라고 한다. 심우성은 또 조진영이 '승무, 태평무, 검무, 학무, 한량무, 신선무, 팔선녀, 입춤 등'을 김숙자에게 지도하였다고 하니, 무엇에 근거하여 이들을 확인할 수 있을까? 게다가 위 인용문에는 '시나위춤, 화초사거리, 육자배기'를 잘하여서 친구 딸에게 자신의 기예를 가르쳤다고 하였다. '시나위춤'이라고 하면 시나위 가락에 맞추어 추는 춤이고, '시나위'는 '육자배기토리'로 된 허튼가락의 기악곡을 말한다.[31)] 그리고 육자배기와 화초사거리를 잘했다고 하는 것은 전라도의 대표적 민요를 특기로 하였다는 것이니, 조진영은 전라도 사람이었을 가능성도 시사한다. 이로써

30) 김영희 · 한정옥 채록, 「부정놀이춤 : 경기무속무용의 예능보유자 金淑子」, 『한국명무전II : 서울시립무용단 제14회 정기공연』, 101-102쪽.

31) 시나위 : 시나위는 다성적 성격과 즉흥적인 허튼가락을 지닌 점, 그리고 유동음을 많이 사용하는 점에서 우리 음악에서 특이한 것으로 여겨지고 있다. 심한 요성(搖聲 : 떠는 소리)과 퇴성(退聲 : 흘러내리는 소리 또는 꺾는 소리)을 사용하므로 슬픈 느낌을 자아낸다. 한국민족문화대백과사전, [검색일: 2018.12.10.], http://encykorea.aks.ac.kr/Contents/SearchNavi?keyword=시나위&ridx=0&tot=20.

김숙자는 조부로부터 계승된 중고제 판소리 이외에도 '화초사거리, 육자배기'를 일찍 익혔다고 할 수 있다. 하지만 조진영과 김덕순에게 배운 종목을 이상의 인용문으로는 가늠할 수 없는 한계가 뚜렷하다.

한편, 김숙자는 "13세 때에 광주 너더리 배사꼴 도당굿하는 마당에서 무속무용과 승무를 추었는데, 그것이 최초의 전통무용발표회가 된 셈"이라고 하였다.[32] 성기숙이 1941년에 "광주 도당굿판에서 승무와 무속춤 첫 공연을 가졌다"라고 한 근거는 바로 이 기록 때문인 듯하다. 앞서도 지적한 바와 마찬가지로 김숙자의 관습나이 13세는 1938년경으로 추정된다. 또 구희서에 의하면, '1942년 안성 어녀리굿판을 마지막으로 굿이 금지'되었다[33]고 하였다. 그렇다면 1942년은 김숙자의 관습나이 17세 때의 일이 된다. 일제에 의해 굿이 금지되었음에도 불구하고 김숙자는 아버지 김덕순으로부터 소리공부를 계속하였고, 때로는 굴속에 숨어서 했다고 하였다. 김숙자는 일찍이 "13세의 나이에 1주일간의 유치장 생활을, 아버지는 보름의 유치장 생활을 겪었다."[34]고 하였다. 그리고 이들 두 사람은 '비국민'이라는 죄명으로 주재소에 잡혀가서 곤욕을 치렀다[35]고도 하였다.

---

32) 김영희 · 한정옥 채록, 「부정놀이춤 : 경기무속무용의 예능보유자 金淑子」, 『한국명무전II : 서울시립무용단 제14회 정기공연』, 101쪽.

33) 구희서, 「경기 무속장단과 춤의 정수」, 『故 金淑子(藝能保有者) 1周年 追慕公演』 팸플릿, 속지 12쪽.

34) 김영희 · 한정옥 채록, 「부정놀이춤 : 경기무속무용의 예능보유자 金淑子」, 『한국명무전II : 서울시립무용단 제14회 정기공연』, 101쪽.

35) 구희서, 「경기 무속장단과 춤의 정수」, 『故 金淑子(藝能保有者) 1周年 追慕公演』 팸플릿, 12쪽.

그런 와중에 대동아전쟁[36]이 가열되었고, 굿이 금지됨은 물론 비상시국에 돌입하였을 것이다. 일제가 국악의 전승을 금지했는데도 불구하고 부녀 간에 학습을 멈추지 않자, 부역에다 유치장까지 가게 되었다고 하였다. 그런데도 김덕순은 상투를 잘린 채 유치장에서 나와 집으로 돌아오자마자 '상투를 꺼내놓고 곡을 하고 자리 깔아놓고 사방에 절하고' 난 후, 스스로 머리를 깎았다고 한다. 그리고는 잡곡 한 되쯤 되는 것을 챙겨서 딸과 함께 청룡사로 들어가서 다시 공부를 이어갔다고 한다.[37] 김숙자는 이처럼 어려운 환경 가운데 국악 공부를 계속했음을 강조하였다. 이는 자신의 의사보다는 아버지의 뜻을 좇아 국악의 재능을 갈고 닦는 고난의 연속이었다. 예인 집안에서 태어난 숙명이라기보다는 6남매 중 오직 막내딸에게 쏟아진 아버지의 남다른 기대와 뜻이 있었던 것으로 여겨진다.

김숙자 또한 아버지의 혹독함을 이해하게 된 것은 "해방 직후 칠성사七星寺에 들어가 아버지와 마음 놓고 공부할 때쯤부터"라고 하였다.[38] 김숙자의 타고난 자질을 갈파하고, 그 재능을 담금질하고자 김덕순은 쉴 새 없이 딸을 다그쳐 가르쳤던 것 같다.

---

36) 대동아전쟁(大東亞戰爭) : 1941년부터 1945년까지 일본과 연합군 사이에 벌어진 '태평양 전쟁'을 일본에서 이르던 말. 제2차 세계대전 당시 일제는 동아시아 지역에서 구미의 식민지 지배를 타파하고 아시아 제민족의 해방을 위한다는 명목하에 대동아공영권 결성을 주장하면서 침략정책과 전쟁을 정당화했다. 일제는 대동아공영권을 태평양전쟁의 궁극적 목적으로 선전하였으며, 이 전쟁을 '서양제국주의 침략에 대항하여 동아시아 보위를 위한 자위전쟁'·'미국과 영국 세력으로부터 동아시아 민족을 이탈시키려는 해방전쟁'·'새로운 세계질서를 구현하기 위한 전쟁'이라고 주장했다. 다음백과사전 [검색일: 2019.01.20.], http://100.daum.net/encyclopedia/view/v150ha710a30.

37) 구희서, 「경기 무속장단과 춤의 정수」, 『故 金淑子(藝能保有者) 1周年 追慕公演』 팸플릿, 속지 15쪽.

38) 구희서, 「경기 무속장단과 춤의 정수」, 『故 金淑子(藝能保有者) 1周年 追慕公演』 팸플릿, 속지 12쪽.

그런데, 구희서의 글과는 달리 심우성은 김숙자가 "꽃다운 나이 열일곱에 당시 조선 총독부의 마수에 걸려 위안대에 끌려가는 비운을 겪으면서도 춤을 추어야 했으니 침략자들이 생채기를 낸 남방군도와 황망한 만주까지 떠돌기도 하였다."고 하였다.[39] 이 말은 매우 자극적인 면이 있는데, 실제의 내용은 아래의 글로 이해할 수 있겠다.

> 아버지께서는 김숙자에게 좀 더 많은 것을 배워주기 위해 16세나던 해 서울로 데리고 왔다. 그즈음 이동안 씨가 무용단체를 만들고 있었는데 그녀도 그 단체에 들어가게 되어 관수동에서 함께 무용, 노래, 악기를 연습하였다.
> 그러면서 일본의 강요에 미국과 소련이 망하는 각본으로 꾸며진 악극을 만들어 만주, 봉천, 심경, 하얼삔 등지로 위문공연을 다녔다. 당시에는 일본군이 처녀들을 잡아들여 정신대로 보냈는데 단체에 가입하여 위문공연이나 우리나라 각지 면 소재지를 찾아다니며 계몽공연을 하는 것이 정신대를 피할 수 있는 한 방법으로 되어 있었다. 그래서 이동안 씨 단체에서 6개월간, 그리고 각 위문단체에 다니면서 위기를 모면했다. 그때에 함께 있던 단원으로는 만담하는 김백수, 배뱅이 타령의 박천복, 남원의 조금행, 김기춘, 신불출, 박상근, 심상근, 김재선, 박연심, 김덕자 등의 여러 명이 있었다.[40]

---

39) 심우성, 「역동성, 건강성, 남성다움을 되찾아」, 『故 金淑子(藝能保有者) 1周年 追慕公演』 팸플릿, 속지 20쪽.

40) 김영희 · 한정옥 채록, 「부정놀이춤 : 경기무속무용의 예능보유자 金淑子」, 『한국명무전II : 서울시립무용단 제14회 정기공연』, 102쪽.

김숙자는 구희서와 인터뷰할 때는 자신이 이동안 단체를 통해 정신대에 부역한 것을 숨기려 했던 것 같다.[41] 관습나이 16세로부터 20세를 지낸 1941년부터 1945년까지의 대동아(태평양)전쟁에 따른 위문대 활동을 김숙자는 아버지에게 혹독하게 훈련을 받았던 시기로 포장했던 것이다.

이상의 내용을 통해 김숙자의 일제강점기 생활과 예술부문 학습에 대해 연보를 다시 정리해보겠다.

〈표 2〉 김숙자의 일제강점기 활동 연보 정리

관습나이	연도	활동 내용
1세	1926.12.20. (양 : 1927.01.23.)	김숙자 탄생
6세	1932	부친 김덕순에게 춤을 전수받기 시작함
7세	1933	입춤(기본 살풀이춤) 추게 됨
8세	1934	도살풀이춤 떼고 춤시레 함 보개보통학교(안성초등학교) 입학
11세	1937	줄타기 학습(1942년까지 굿판에서 연행)
12세	1938	부친으로부터 무속무용 입문
13/15/17세	1939/1941/1943	수원권번 소속 조진영선생에게 소리와 전통춤 학습

41) 이 부분 이동안 단체에서의 활동 관련내용에 대해서는 이동안의 구술과 차이가 있다. 이동안은 이때 자신은 "징용에 끌려가게 되었는데, 헌병대장에 버금가는 지위로 발령을 받았다. 맡은 직무는 징용 갈만한 한국인을 차출하는 것이었는데, 이옹은 오히려 많은 한국인들에게 징용 가는 것을 면제케 해주었다. 이로 인하여 사형을 당하는 지경에 이르렀는데, 몸을 피해 강원도 산골의 어느 암자에서 한 달 동안 은둔생활을 하다가 해방을 맞아 서울로 오게 되었다"고 하였다. 김숙자와 이동안이 함께 연예 활동을 했다는 실마리를 발견할 수 없다. 예능민속연구실 편, 『문화재조사보고서(14) : 승무 · 살풀이춤(서울 · 경기 · 충청편)』, 32쪽.

관습나이	연도	활동 내용
13세	1939	광주 너더리 배사골 도당굿 참가. 무속무용과 승무 연행 보개보통학교(안성초등학교) 졸업
15세	1941	안성 어녀리굿판 이후 굿 금지
?	?	굴 속 등에 숨어서 부친으로부터 소리공부를 계속함
16세	1942 (6개월간)	서울 이동안 무용단체 가입. 악극으로 만주, 봉천, 심경, 하얼삔 등지로 위문공연 다님
	이동안 단체 이후	우리나라 각 면 소재지를 찾아다니며 계몽공연
20세	1945.08.15.	해방직후 칠성사에서 아버지와 공부

〈표 2〉를 통해 김숙자의 관습나이 20세(1945년)까지의 활동 연보를 재정리하였다. 구술자는 보통 자신의 어린 시절을 관습나이로 설명한 점에 대해 채록자가 연도를 잘못 산정하고 기록함으로써 첫 오류가 발생했다는 것을 알 수 있었다. 그리고 다음 기록자는 이를 다시 계산하지 않고 그대로 기술함으로써 오류가 재생산되었던 것이다.

이상의 내용을 정리하면, 김숙자는 판소리 명창인 조부 김석창의 후손이면서, 무업에 종사했던 김덕순과 정귀성 사이에서 태어났다. 무계 집안의 내력을 계승한 자손으로서 성장했다. 부친으로부터 '판소리와 춤 등 무속의 전반'을 6세부터 전승하기 시작했다. 7세경에 도살풀이춤을 익혀서 8세 되던 생일에 마쳤다. 8세(1934년)에는 보통학교(지금의 초등학교)에 입학하였으나, 집에서는 아버지로부터 소리공부를 계속하였다. 또 8세부터는 굿판에도 따라다녔으며, 11세(1937년)부터 줄타기를 배워서 16세(1942년)까지 굿판에서 놀았다고 한다. 아버지로부터 "춤은 물론 판소리 다섯 바탕, 가야금 병창 등 온갖 예능"을 학습했다.[42] 그리고 김숙자가 대략 13세가 되었을 때부터 17세까지 중 어느 때인가는 "수원권번 소리 선생 조진영에게 소리 공부와 함께 기방의 여러 춤을 배웠고, 일제가 굿을 금하고 전통 예능 공부를 금지시켰을 때에도 김숙자와 그의 부친 김덕순은 절이나 산으로 피해 다니면서까지 수업을 중단하지 않았다."[43] 그 훈련 덕분으로 김숙자는 소리면 소리, 춤이면 춤, 악기면 악기를 섭렵했을 뿐 아니라, 줄타기 등의 재주까지 한몸에 익힐 수 있었다. 16세 무렵에서 20세 이전에는 창극이나 춤 등을 연행하는 위문대(정신대) 일원으로 활동하기도 했으며, 아버지와 함께 산에 숨어들어가서 소리공부를 하던 중 8 · 15해방을 맞았다.

3. 김숙자의 대전 정착과 예술 활동 연보

김숙자가 20세 된 해인 1945년 8월에 일제로부터 해방되었다. 그동안 일제의 탄압을 피해 절과 산으로 올라가서 공부를 계속하던 중 해방되어 그제야 내려왔다고 하였다.[44]

김숙자는 1946년 21세에 서울에서 생애 첫 무용연구소를 내었다.[45]

---

42) 구희서 글, 정범태 사진, 『金淑子－도살풀이』, 서울 : 열화당, 1992, 9쪽.

43) 구희서, 「경기 무속장단과 춤의 정수」, 『故 金淑子(藝能保有者) 1周年 追慕公演』 팸플릿, 속지 11쪽.

44) 임수정, 「김숙자의 부정놀이춤 연구 : 동작구조의 분석을 중심으로」, 5쪽.

45) 구희서, 「경기 무속장단과 춤의 정수」, 『故 金淑子(藝能保有者) 1周年 追慕公演』 팸플릿, 속지 12쪽.

> 1946년에는 아버지를 졸라 장리쌀 20가마니를 내어 서울로 올라와 돈의동에서 '김숙자 민속무용'이라는 간판을 걸고 처음으로 학원을 내게 되었다. 그곳에서 1년간 학생들을 가르치다가 오소산 정암사에 들어가 자신의 기예를 닦는 데 전념했고, 다시 고향으로 돌아와 있던 중 6·25동란을 맞게 되었다.[46]

구희서의 글은 위 인용문과는 달리 김숙자가 서울서 낸 무용학원 운영이 여의치 않아 지방으로 옮겨가며 연구소를 경영했다고 하였다.[47] 그리고 김숙자의 활동 연보에 따르면, 22세인 1947년 대전국악학원을 창설하여 1950년에는 대전에서 민속무용발표회를 4회 가진 것으로 표기되었다. 28세 때인 1953년 대한국악원 회원으로 등록했으며, 36세인 1961년에 김숙자무용학원을 창립하였다고 한다. 그리고 다음해인 1962년에 문화공보부장관상을 수상한 것으로 표기되어 있다.[48] 이때 대전에서 국악학원을 하던 시절 그의 제자들과 함께 만든 창무극 〈이순신〉으로 문공부 주최 전국 신인 국극경연대회에서 대상을 받았다고 하였다.[49]

8·15해방 이후부터 김숙자가 대전에 정착하여 활동한 기존 연보를 비교하면 아래와 같다.

---

46) 김영희·한정옥 채록, 「부정놀이춤 : 경기무속무용의 예능보유자 金淑子」, 『한국명무전II : 서울시립무용단 제14회 정기공연』, 102-103쪽.

47) 구희서, 「경기 무속장단과 춤의 정수」, 『故 金淑子(藝能保有者) 1周年 追慕公演』 팸플릿, 속지 12쪽.

48) 김숙자 살풀이춤보존회, 『중요무형문화재 제97호 도살풀이 故 김숙자 선생 5주기 추모공연』 팸플릿, 문예회관 대극장, 1996.12.10., 속지 1쪽.

49) 구희서, 「경기 무속장단과 춤의 정수」, 『故 金淑子(藝能保有者) 1周年 追慕公演』 팸플릿, 속지 12쪽.

〈표 3〉 8·15해방 이후 김숙자 대전 활동까지의 연보 비교

비교 저작물(제작연도)	연도	활동 사항
『한국명무전Ⅱ』(1983)	1947. 5.	김덕순선생에게 전통무용 사사
	1947. 6.	대전국악원 창설운영
	1948. 5.	대전에서 고전무용발표회 개최. 그 후 3회 발표함
	1961. 7.	김숙자고전무용학원 창설 운영
김숙자 1주기 추모공연(1992)	1947. 4.	대전국악학원창설 운영
	1950. 5.	대전 민속무용발표회 (4회)
	1953. 7.	대한국악원 회원
	1961. 4.	김숙자무용학원 원장
	1962. 4.	문화공보부 장관상 수상
김숙자 5 · 7 · 9주기 추모공연(1996-2000)	1947	대전 국악학원 창설
	1950	대전 민속무용발표회(4회)
	1953	대한국악원 회원
	1961	김숙자무용학원 창립
	1962	문화공보부장관상 수상
성기숙 논문(2001)	1946	서울 돈의동에 김숙자민속무용학원 개원했다. 약 1년 동안 운영하다가 오소산 정암사에 들어가 정통 기예를 닦는데 전념했다.
	1953	재한국악원 회원이 되었다.
	1955	대전국악원을 설립하였으며, 여성국극단을 창단, 창과 무용을 지도하였고, 국악협회 충남지부를 신설하는데 앞장섰다.
	1961	문화공보부 주최 전국민속경연대회에서 창무극 『이순신』으로 특상, 군산에서 국악원설립 운영, 박초월국악원에서 춤선생을 하였다.
양길순 논문(2006)	1947. 4.	대전국악학원 창설 운영
	1950. 5.	대전에서 민속무용 발표회(4회)
	1953. 7.	대한 국악원 회원
	1961. 4.	김숙자 무용학원 원장
	1962. 4.	문화공보부 장관상 수상

〈표 3〉에 따르면, 김숙자는 1947년부터는 대전에서 활동한 것으로 표기하고 있다. 그런데 김숙자의 조카 이산용의 구술에 의하면, 대전국악원을 창립한 것이 김숙자의 나이 20대 후반에서 30대 초반이라고 하였다. 이산용은 "1947년 대전국악학원을 창설하여 1950년에는 대전에서 민속무용발표회를 4회 열었다."[50]고 한 점에 대해 "누가 책을 잘못 쓴 거여."라고 아래와 같이 수정해주었다.

> 20살이 아니고 그 20살 후반에서 30대 초반 그 정도지, 저기 저 그거는 누가 책을 잘못 쓴 거여, 저 30대 초반 30대 나는 그때 30대 중반으로 알고 있어, 중반에 그 대전서 허가를 못내 가지고 막 저기했는데, 대전국악원이 원 국악원이 있었어요, 충남국악원이 국악원이 있었는데 그쪽에서 졌지, 이쪽에서 내는 바람에 서루 경쟁으루가다 싸움을 해가지고... 왜냐하면 그쪽에서는 국악인이 아니고... 그 모임 그 자체의 사람들이 모인 국악원을 만든거고 여기는 실질적으로 실무하는 분이 만들어가지고 한참 몇 년을 쌈을 했어, 쌈을 하다가 나중에 저쪽에서 손을 들고 이긴 거지, 그래가지고 대대적으로 국악원을 했는데 이 대전서 이 국악원 할 때도 이 예술인들이 끊기질 않았어, 밥식구들이 끊기질 않았다구, 저 제가 아는 사람도 신쾌동 씨 또 저 기방에 국극단으로 오는 조금행 뭐 이런 사람들 다 와가지고 설장구 치는 김덕수도 단체하면은 그때가 김덕수가 초등학교 정도일 때야 그때에 무등타고 해가지고 그 대전서 그 저 국극단에 오면은 다 안 들린 사람이 없시니까 다 밥들 먹고 하고...[51]

50) 김숙자 살풀이춤보존회, 『중요무형문화재 제97호 도살풀이 故 김숙자 선생 5주기 추모공연』 팸플릿, 속지 1쪽.

이산용의 위 인용문에 따르면, 김숙자는 20대 후반에서 30대 초반에 대전에 정착했던 것이라 하였다. 즉 6.25전쟁이 끝난 1953년 무렵에 대전에 자리를 잡았던 것으로 보인다. 대전에 정착하는 과정에서는 기존의 충남국악원과 김숙자의 대전국악원이 '국악원'이라는 명칭을 놓고 경쟁하여 몇 년 만에 결국 이겼다고 하였다. 이후로 대전국악원의 활동이 활성화되었고, 전성기를 누렸던 것으로 보인다. 거문고의 명인 신쾌동(1910-1977)과의 친분 관계도 있었음을 설명하고 있다. 그 외 친분 있는 많은 국악인들이 대전국악원을 찾아 들었다고 하였다. 조금행, 김덕수金德洙와 같은 유명 국악인들을 예로 들었는데, 김덕수는 1952년생이므로 그가 초등학생으로서 무등을 탔다면, 8-10세를 더하여 1960년대 초에 김숙자와 김덕수의 만남이 있었음을 나타낸다.

실제로 김숙자는 6.25전쟁을 안성 집에서 겪었다고 아래와 같이 전한다.

> 다시 고향에 돌아와 있던 중 6.25 동란을 맞게 되었다. 우물쭈물하는 동안에 당한 일이라서 피난 갈 생각도 못했던 터이지만 마침 미처 피난가지 못한 동네 유지와 면장 등 12명의 고향사람들과 함께 보개산에 숨어들어가 그 사람들이 지하활동 하는데 양식조달을 맡아 28일간 고생을 하기도 했으며, 인민군에게 들켜 죽음을 당할 위기에 놓여 부근 콩밭에 숨어 지내다가 야밤에 몰래 귀가하기도 했고, 귀가해서는 인민군 위안 공연을 위해 강제 모집하는 것을 피하기 위해 잿

51) 양길순, 「구술(口述)로 본 김숙자 연구」, 부록 37쪽(이산용 대담, 2005년 3월 10일).

물을 먹고 앓아 간신히 피했다고 하시며, 그 고생 끝에 인천상륙이 있었고, 너무나 반가운 국군들을 맞아 150여 명에게 밤새 쌀을 찧어 밥을 해주기도 했다고 하신다.[52]

김숙자는 1947년 서울에서 1년간 '김숙자민속무용'[53]이라는 학원을 운영한 이후, 오소산 정암사에 들어갔다가 고향에 돌아와 있을 때 6.25전쟁이 시작되어 동네 사람들과 함께 안성에서 지냈다고 했다. 이후 잿물을 먹었던 "후유증과 여러 차례 백일 공부를 들어갔던 관계로 건강이 아주 나빠졌다."[54]고 하였다. 정황상 이때부터 목에 이상이 발생했을 듯싶다. 그래서 요양 차 유성온천에 가게 되었고, 그때 대전국악원에 있는 나승엽이 자신이 개설한 새 무용학원에서 춤 지도를 부탁했다고 한다.

요양 차 유성 온천에 가 있는 동안, 대전국악원에 있는 나승엽 씨가 찾아와서 새로 무용학원을 시작했는데, 그곳의 토건업 하는 유지들의 부탁이라면서 한 달만 무용을 가르쳐달라고 하였다. 하는 수 없이 그곳에서 한 달간 무용을 가르치게 되었고, 그녀를 알아본 대한부인회의 주선으로 그때 돈 4만 원에 전세를 내어 학원을 내게 되었다.

52) 김영희 · 한정옥 채록, 「부정놀이춤 : 경기무속무용의 예능보유자 金淑子」, 『한국명무전II : 서울시립무용단 제14회 정기공연』, 102-103쪽.
53) 김영희 · 한정옥 채록, 「부정놀이춤 : 경기무속무용의 예능보유자 金淑子」, 『한국명무전II : 서울시립무용단 제14회 정기공연』, 102쪽.
54) 김영희 · 한정옥 채록, 「부정놀이춤 : 경기무속무용의 예능보유자 金淑子」, 『한국명무전II : 서울시립무용단 제14회 정기공연』, 103쪽.

그래서 대전에서 28세에 처음 학원을 운영하게 되었는데, 사방에 교회들이 모여 있어서 무속무용을 하는 학원에 대한 진정서가 빗발치고 원성이 잦았다. 그 경황에도 김숙자는 몇 차례에 걸쳐 정암사에 들어가서 자신의 기예를 닦는 데 게을리 하지 않았다.[55]

나승엽이라는 인물을 도와서 한 달 동안 지도하기로 했던 것이 새로운 기회가 되어 김숙자 자신의 무용학원을 대전에 개설하게 된 경로를 설명하고 있다. 게다가 당시 "한창 여성국극단이 전성기를 이루고 있던 때라 이들 단체에 들어가려는 사람들이 학원에 몰려들어 한때 200여 명의 학생들을 혼자 지도해야 했다."고 한다.[56] 이런 호황에 대한 주변의 질시가 있었음은 물론 종교적 배타에도 견뎌야 했다. 혼자 지도하며, 운영하기 어려워서 "이기권 씨의 조카 이창성 씨를 창 선생님으로 두어 6년간 함께 일했다."[57]고 한다. 정리하면, 1952,3년경부터 김숙자는 대전에 정착하여 국악 지도활동을 시작했다고 여겨진다. 대전에서의 1950년대 활동은 매우 활발했고, 성

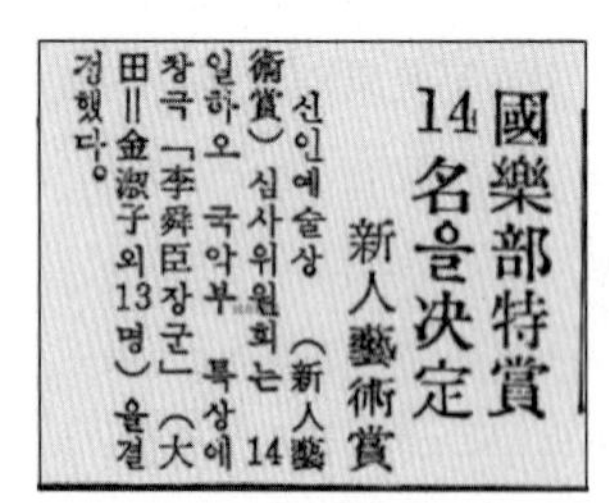
國樂部特賞 14名을決定
新人藝術賞

신인예술상(新人藝術賞) 심사위원회는 14일하오 국악부 특상에 창극「李舜臣장군」(大田=金淑子외13명)을 결정했다.

〈화보 1〉〈경향신문〉 1962.06.05. 3면

55) 김영희 · 한정옥 채록, 「부정놀이춤 : 경기무속무용의 예능보유자 金淑子」, 『한국명무전II : 서울시립무용단 제14회 정기공연』, 103쪽.
56) 김영희 · 한정옥 채록, 「부정놀이춤 : 경기무속무용의 예능보유자 金淑子」, 『한국명무전II : 서울시립무용단 제14회 정기공연』, 104쪽.
57) 김영희 · 한정옥 채록, 「부정놀이춤 : 경기무속무용의 예능보유자 金淑子」, 『한국명무전II : 서울시립무용단 제14회 정기공연』, 104쪽.

공적이었다고 판단된다. 따라서 1947년부터 대전에서 활동한 것으로 표기한 연보는 오류인 것이다.

그리고 조카 이산용의 증언처럼, "어렵게 국악협회 충남지부를 만들어놓게 되었다."[58]고 한다. 하지만 이때의 국악협회는 그 실체가 불분명하다. 현재의 한국국악협회韓國國樂協會는 1961년 창설[59] 되었고, 1950년대에 주로 활동한 단체는 대한국악원[60]이 있었기에, '국악협회 충남지부'가 실제로 어떤 단체이며 언제부터 활동한 단체를 이르는지 파악하기 어렵다. 한편 1961년 문화공보부 주최 경연대회에 참가하였다고 했는데, 실제는 1962년에 창무극 〈이순신장군〉으로 국극부문 특상과 신인예술상을 수상했음[61]을 확인하게 된다. 1962년 5월 24일 충남지회의 박후성朴厚性(1922-2001(?)) 작 〈이순신장군〉이 신인예술상에 합격한 각본으로 공고된 이후, 6월 14일 〈이순신장군〉의 김숙자 외 13명이 신인예술상 특상 수상자로 결정되었음이 발표되었다.[62] 김숙자는 이 공연을 준비하는 과정에서 자신의 150여 평 되는 대전 집을 팔아서 경비로 사용했고, 공연차 올라온 서울에서는 활동경비가 부족해서 50여 명의 단원들이 점심을 굶고, 당시 시공관(예술극장)까지 걸어서 이동하는 딱한

58) 김영희 · 한정옥 채록, 「부정놀이춤 : 경기무속무용의 예능보유자 金淑子」, 『한국명무전II : 서울시립무용단 제14회 정기공연』, 104쪽.

59) 한국국악협회(韓國國樂協會), 한국민족문화대백과사전, [검색일: 2019.01.28.], http://encykorea.aks.ac.kr/Contents/SearchNavi?keyword=한국국악협회&ridx=0&tot=2231.

60) 김천홍, 『심소 김천홍 선생 무악인생록』, 김영희 엮음, 서울 : 소명출판, 2017, 407-416쪽.

61) 김영희 · 한정옥 채록, 「부정놀이춤 : 경기무속무용의 예능보유자 金淑子」, 『한국명무전II : 서울시립무용단 제14회 정기공연』, 104쪽.

62) 『경향신문』 1962.05.24. 4면. 【新人藝術賞 合格한 脚本】

〈화보 2〉 1962년 문공부 주최 창무극 경연대회시 창무극 〈이순신〉으로 신인예술상 수상기념
(김영희 · 한정옥 채록, 「부정놀이춤 : 경기무속무용의 예능보유자 金淑子」,
『한국명무전Ⅱ : 서울시립무용단 제14회 정기공연』, 104쪽(사진 캡처))

상황이었다고 술회했다. 그나마 전주예총 지부장이었던 임종술林鍾述 씨의 도움으로 단원을 이끌고 간신히 대전에 되돌아올 수 있었다[63]고 하니, 당시의 긴박한 상황을 짐작해볼 만하다. 〈화보 2〉에 등장하는 사람들이 그 주인공들이었다.

집을 처분하여 〈이순신장군〉을 서울무대에 올려 신인예술상까지 수상했으나, 대전으로 돌아온 김숙자에게는 이미 돌아갈 집이 없어진 상태였다고 한다. 김숙자는 “짐을 정리하여 군산으로 옮겨가서 작은 학원을 열었다.”[64]고 한다. 이때 서울에서 활동하고 있

63) 김영희 · 한정옥 채록, 「부정놀이춤 : 경기무속무용의 예능보유자 金淑子」, 『한국명무전Ⅱ : 서울시립무용단 제14회 정기공연』, 104쪽.

던 박초월의 권유로 9개월 동안의 군산 학원을 정리하고, 1962년 상경하여 박초월국악학원에서 1년간 무용선생을 했다고 한다.[65]

이상 김숙자의 대전활동과 관련한 연보는 아래와 같이 다시 정리할 수 있다.

〈표 4〉 8 · 15해방 이후 김숙자 대전 활동 연보

관습나이	연도	활동 내용
21세	1946	서울에 김숙자 민속무용 학원 개원 (1년 운영)
22세	1947	오소산 정암사에서 기예공부
25-27세	1950-1952	6.25전쟁 중 안성 고향에서 지냄. 이 무렵 목에 이상이 생김. 건강 악화
		유성온천으로 휴양 감
27세	1952	나승엽의 무용학원 1달 무용지도 대한부인회의 주선으로 대전에 무용학원 개설
27-35세	1952-1960	대전국악원 창설 대전에서 고전무용발표회. 4회 발표함
37세	1962.06.14.	창극 <이순신장군>으로 신인예술상 국악부 특상 수상
38세	-1963	9개월 동안 군산 무용학원 개설 운영
38-39세	1963-1964	서울 상경. 박초월국악학원에서 1년간 춤 지도

64) 김영희 · 한정옥 채록, 「부정놀이춤 : 경기무속무용의 예능보유자 金淑子」, 『한국명무전II : 서울시립무용단 제14회 정기공연』, 104쪽.

65) 김영희 · 한정옥 채록, 「부정놀이춤 : 경기무속무용의 예능보유자 金淑子」, 『한국명무전II : 서울시립무용단 제14회 정기공연』, 105쪽. ※ 특상을 수상한 시기가 1962년 6월이고, 이후 군산에서 9개월 동안 학원을 운영했다면, 1963년에 서울에 올라왔다고 해야 맞을 것이다.

4. 김숙자의 서울 이전과 무속무용가 내력

박초월의 권유로 1963년경 서울로 올라온 김숙자는 약 1년 후 박초월로부터 독립하여 1964년경 단성사 위 수은이발관 2층집에 김숙자민속무용학원을 내었다.

> 그 후 왕십리에서(4년), 마포 신석동(1년), 신촌, 비원 앞, 돈암동 미아리고개(6개월), 이문동(5년)으로 학원을 옮기며 제자들을 키워 나갔다.
>
> 학원을 하는 동안 대전에서 8회에 걸쳐 전통무용발표회를 가져 좋은 반응을 얻었고, 전주 대사습에도 6회에 걸쳐 입상을 하도록 제자들을 가르치며 전통무용의 계승을 위해 노력했음에도 불구하고 여전히 차가운 무관심과 논외의 뒷전에서 맴돌 뿐이었다.[66]

심지어 지독한 가난을 견디기 위해 남몰래 "서울역 부근에서 광주리 사과장수까지 해야 했다."고 술회했다.[67] 하루 벌어 하루 쓰며, 어린 딸과 연명하는 고통의 시간을 견뎌냈다고 한다. 이후로도 동대문, 낙원동으로 옮겨 다녔다. 그러던 어느 날 "민속학자 심우성 씨를 찾아가 자신의 참뜻을 전하고 도와주기를 요청하니 선뜻 호응해주었다."는 것이다.[68]

---

66) 김영희 · 한정옥 채록, 「부정놀이춤 : 경기무속무용의 예능보유자 金淑子」, 『한국명무전II : 서울시립무용단 제14회 정기공연』, 105쪽.
67) 양길순, 「구술(口述)로 본 김숙자 연구」, 19쪽.
68) 김영희 · 한정옥 채록, 「부정놀이춤 : 경기무속무용의 예능보유자 金淑子」, 『한국명무전II : 서울시립무용단 제14회 정기공연』, 106쪽.

결국 심우성 씨와 정병호 씨의 도움을 받아 1976년 12월 문화예술진흥원에서 무속무용의 첫 무대를 열어 대단한 반응을 얻었다. 그때를 계기로 무속무용은 힘을 얻어 활기를 띠게 되었다.[69]

김숙자는 국악과 무용계 사이에서 소외되어 그를 알아주지 않는 가운데 생존의 길을 찾아 나선 것이다. 심우성을 찾았고, 김숙자 자신을 인정하는 첫 귀인을 만난 것이다. 심우성은 김숙자의 당시 춤의 특징을 다음과 같이 설명했다.

'70년대 말부터 김숙자가 일으켜 온 새 바람은 한국무용계의 뜨거운 쟁점이었다. 또한 한국무용계에 새 지평을 여는 활력소로 평가되기도 한 것이었다. 흔히 연약성, 유약성, 한(恨)스러움 등만을 한국무용의 특징처럼 알아오던 무용계에 김숙자 춤의 등장은 실로 파격적이라 할만 했다. 왜냐하면 김숙자의 춤은 역동성, 건강성, 남성다움을 간직하고 있었던 한국무용의 한 특징을 그대로 살리면서 재현시켰던 까닭이다.[70]

김숙자는 아버지 김덕순으로부터 춤을 익혔기에, 그에게서 남성적 역동성, 건강성이 표출되는 것은 어쩌면 지극히 자연스런 양상이었을 것이다. 그러나 당시의 일반적 무용인들에게 있어서 김

69) 김영희 · 한정옥 채록, 「부정놀이춤 : 경기무속무용의 예능보유자 金淑子」, 『한국명무전II : 서울시립무용단 제14회 정기공연』, 106쪽.
70) 심우성, 「역동성, 건강성, 남성다움을 되찾아」, 『故 金淑子(藝能保有者) 1周年 追慕公演』 팸플릿, 속지 19쪽.

숙자 무속춤의 독특함이나 독자성은 전통의 한 양식이기는 하지만, 예술적 감각이나 미적인 무대화의 과정을 밟지 않은 거칠고 투박한 별개의 것이라고 인식했을 수 있다.

1970년대 대한민국의 무용계는 '한국 민속무용'을 통해 세계 속 한국의 이미지를 쇄신할 기회를 놓치지 않고자 노력하던 시기였다.[71] 1968년 멕시코올림픽에서 활동한 '한국민속예술단'의 성공적 공연활동의 연장선에서 1970년에는 일본 엑스포70, 1971년에는 유럽 및 아프리카 순회공연, 1972년에는 뮌헨올림픽 등에 한국민속예술단을 파견했다. 1950년대에 무용 창작활동에 고군분투하며 매진해 왔던 기존 무용학원장 임성남, 김백봉, 송범, 강선영, 권려성, 김문숙, 김진걸, 이월영, 이인범, 정인방, 조용자, 주리, 진수방 이상 13명[72]을 기반으로 국립무용단을 조직하고 활동해 왔던 이들의 공로가 응축되어 1968년 멕시코올림픽 민속예술단의 성과로 이어졌다고 볼 수 있다. 이때 연행된 춤 종목은 〈화관무〉(송범 안무), 〈부채춤〉(김백봉 안무), 〈검무〉(전황 안무), 〈무당춤〉(김백봉 안무), 〈승무〉(김문숙 안무), 〈선의 유동〉(김백봉 안무), 〈선녀춤〉·〈연가〉(송범 안무), 〈농악〉(김백봉·전황 안무)이었다.[73] 현재의 우리들이 신무용이라 명명하고 있는 종목들로 한국적인 인상을 멕시코올림픽에 참가한 세계인에게 심어주었던 것이다. 이로 인해 1970년대 해외공연종목 역시 신무용류를 민속무용이라는 이름으로 유지하

71) 『경향신문』 1978.08.03. 5면.【民俗 : 世界속 韓國심는 「外交使節」. 68년創團…民俗藝術團 어제와 오늘. 10년동안 85개國 돌며 공연. "섬세하고 장중…찬란한 韓半島 중세文化 재현". 곳곳서 極讚…새이미지 浮刻】

72) 안제승, 『한국신무용사』, 서울 : 승리문화사, 1984, 81쪽.

73) 안제승, 『한국신무용사』, 115쪽.

고 활동하게 된 배경이 되었다.

그런데 김숙자의 민속무용인 무속춤은 기존 예술무대를 수놓던 춤과는 색깔이 달랐고, 텁텁함이 묻어나는 것에 민속학자들은 크게 관심을 갖게 되었다. 하지만, 창작 예술활동을 중시해 온 무용계에서는 탐탁하지 않았다. 그동안 한국의 전통무용은 창작무용을 위한 기초 소스 정도로 여겨왔던 기존 무용가들에게 있어서 무속무용이라는 것은 귀기鬼氣가 묻어나는 종교적이며, 비예술적인 순수 재료라고 여겼기 때문이다. 이러한 이유로 무용계에서는 김숙자를 바로 무용가로 인정하는 것이 쉽지 않았다. 심지어 "집요한 헐뜯음"[74]도 있었다. 하지만 민속학자 심우성은 이상과 같은 기존의 무용계에 대해 오해를 가지고 있었던 것 같다. 그는 김숙자 춤에 대한 평가가 엇갈리는 이유를 아래와 같이 설명하였다.

> 지금까지 살펴본 바로는 그의 출신과 성장 과정이 훌륭한 춤을 추기에 모자람이 없다. 그런데도 그의 춤에 대한 평가가 통일되고 있지 않음은 첫째로 충청남도 대전을 비롯하여 주거지를 지방으로 했던 기간이 길었던 관계로 이른바 중앙의 무용계에 알려져 있지 않았음으로 해서 서먹한 데가 있고, 또 중앙의 기존 무용계의 질서가 김숙자라는 무용가의 등장으로 다소 흔들림으로 해서 질시가 따르게 마련이니 입방아의 표적으로 되었다 해도 과언이 아닐 것이다. 특히 그의 춤 가운데 간판으로 알려진 도살풀이에 대하여는 무용계의 이론가나 실연자가 무슨 안경이건 안경을 쓰고 보는 경향이 있다.

---

74) 심우성, 「역동성, 건강성, 남성다움을 되찾아」, 『故 金淑子(藝能保有者) 1周年 追慕公演』 팸플릿, 속지 19쪽.

> 모름지기 살풀이란 무엇인가? 하는 기본적인 분석과 인식도 없는 상황에서 김숙자의 등장 후 '살풀이론'의 꽃을 피우게 되었으니 직접 간접으로 큰 공헌을 한 결과로 됐다.[75]

김숙자는 대전에서 1962년까지 활동하였고, 1963년부터는 서울에 본거지를 두고 활동했으므로, 중앙무대와 떨어져 있었던 것이 궁극의 이유라고 보기는 어렵다. 그 보다는 김숙자에게는 국립무용단 활동과 같은 예술창작활동에 적극 가담할 여력이 없었던 것이 첫 번째 이유라 여겨진다. 전통춤에 대한 사회적 인식의 저하 문제와 재정적인 뒷받침이 절대 부족했기 때문이라는 뜻이다. 이러한 문제는 국립무용단 창단멤버 안에서도 발생했었다. 정인방은 어느 사이엔가 국립무용단 공연에 참가하지 않게 되었고, 진수방, 주리, 권려성 등은 국립무용단 정기공연에 단독 안무자로 올라보지 못한 채 해외로 나가면서 국립무용단을 떠나갔다. 기존 무용계 내에서도 이러할진대, 대전 활동에서 창극 〈이순신장군〉으로 재산을 탕진한 김숙자가 1963년에 올라와서 이리저리 옮겨 다니며 민속무용학원을 했다한들 누가 관심을 가질 여력이 있었을까?

그나마 1974년 시작된 문예중흥 5개년계획이 발표되면서, "지금까지 해외에 소개된 것은 국적불명의 쇼에 지나지 않았던 것"[76]이라는 신무용에 대한 평론의 질타가 고개를 들기 시작했다. 그래서 "지금까지 해외에 소개된 한국무용과는 달리 우리 전통무용의

75) 심우성, 「역동성, 건강성, 남성다움을 되찾아」, 『故 金淑子(藝能保有者) 1周年 追慕公演』 팸플릿, 속지 19쪽.

76) 안제승, 『한국신무용사』, 118쪽.

오리지널을 보여주자는 것"이 대두되었다.[77] 이로써 전통문화 개발의 일환으로 전국 지방에서는 민속무용 및 예술을 발굴하는 것이 크게 각광받기 시작했다.[78] 그 전통무용 발굴의 첫 신호탄이 1976년 12월 11일 '김숙자 무속무용발표회'(한국문화예술진흥원 강당)였던 것이다. 정병호는 이날 「무속무용의 분석과 평가」라는 강연도 함께 진행했다.[79] 이것은 무용계뿐만 아니라 한국 예술 전반의 전통문화에 대한 새로운 시각과 인식의 단초가 되었다.

그에 앞서, 심우성과 이보형은 「안성무속(경기시나위춤)」[80]을 국악과 민속인류학적 입장에서 『무형문화재조사보고서 제121호』로 긴급히 작성 보고하였다. 그리고 12월의 '김숙자 무속무용발표회' 전인 10월 22일부터 24일까지 진주 개천예술제와 병행해서 함께 막을 올린 제17회 전국민속예술경연대회에 서울지역 도당굿놀이(민속무용)로 참가시켰다.[81]

어쩌면 김숙자가 무속무용에 방점을 두기 시작한 것은 민속학자 심우성의 조언 때문이었으리라 생각된다. 심우성도 이미 알고 있듯이 김숙자의 춤은 아버지 김덕순과 수원권번의 조진형으로부터 전해졌고, 이동안과의 인연도 있어서 〈승무〉, 〈태평무〉, 〈검무〉, 〈한량무〉, 〈신선무〉, 〈팔선녀〉, 〈입춤〉[82] 등 다양한 춤을 몸

77) 안제승, 『한국신무용사』, 118쪽.

78) 『경향신문』 1976.09.07. 5면. 【文化의香薰따라千里길(47) : 特異한 民俗 · 民謠. 濟州道. 人脈과 風土로 본 내고장 散策. 藝術團통해 전승과 보급. 宋根宇씨】

79) 『경향신문』 1976.12.10. 5면. 【文化短信 : 金淑子 巫俗무용 11일 발표회】

80) 심우성 · 이보형, 『무형문화재조사보고서 제121호 : 안성무속(경기시나위춤)』, 문화재관리국, 1976, 455-602쪽.

81) 『경향신문』 1976.10.18. 5면. 【전국民俗競演 22일 開幕】

82) 심우성, 「역동성, 건강성, 남성다움을 되찾아」, 『故 金淑子(藝能保有者) 1周年 追慕公演』 팸플릿, 속지 21쪽.

에 익히고 있었다. 그런데, 무속무용이라는 말로 자신을 대표하게 된 것은 심우성 등 학자들이 자신의 학문적 필요를 충족시키려 한 것으로 볼 수 있다. 아래의 인용문에서 심우성의 요구가 포착된다.

> '한국무속예술보존회'를 겸한 무용연구소(서울특별시 종로구 낙원동 232번지)를 지나다가 불현 듯 생각이 나 찾아 간 필자에게 이런 말을 불쑥 건넨다.
> "…아무래도 죽어야 할까 봐요. 왜 가만히 있는 삶 보고 어쩌니 저쩌니 한 대요? 없임 여김 당하는 것만 해도 서러운데 왜덜 그런대요…"
> 사연을 들어보니 그의 춤이 진짜가 아니라는 등, 많이 변질되었다는 등 등등의 얘기를 어디선가 전해들은 모양이다.
> "별걸 다 걱정이시요, 사람이 많으니 눈도 많지 않겠오, 제 눈이 안경일 것이구요. 아무 소리 없는 것보다 낫다고 생각합니다. 가만히 앉았기에 불편해서 하는 짓거리로 생각하세요." 이렇게 응했더니 "…참말로 병주고 약 준다니까요! 언제는 무속이란 말을 붙여야 한댔다가 또 떼어야 한댔다가, 그저 이 김숙자는 학문은 뭔지 모르지만 춤만은 배운 대로 추는 것이니까 정신 나가게 좀 하지 말래요!"[83]

김숙자의 춤에 "무속이란 말을 붙여야 한댔다가 또 떼어야 한댔다가" 했다는 대화를 통해서, 심우성이 김숙자에게 '무속이란 말을 붙여야' 함을 강조했다는 것을 엿볼 수 있다. 그런데 무당의

83) 심우성, 「역동성, 건강성, 남성다움을 되찾아」, 『故 金淑子(藝能保有者) 1周年 追慕公演』 팸플릿, 속지 21쪽.

굿에서 추어지는 그대로는 무대에서 안 먹힐 듯하니, '고증'[84]이라는 작업을 통해 민속예술경연대회에 참가할 수 있는 춤으로 재구성을 요구한 듯하다. 이 때문에 "진짜가 아니라는 등, 많이 변질되었다느니"의 말을 듣게 된 것이니, 김숙자로서는 억울함을 호소할 만했을 것이다. 그런데 심우성은 그 억울함도 실은 홍보의 수단처럼 여겨 사람들의 무관심보다는 낳지 않느냐고 역설하고 있다. 요즘 말로 노이지 마케팅을 했다는 말일 것이다.

어째든 1976년 12월 11일의 '김숙자 무속무용발표회'는 각계에 큰 반향을 불러 일으켰다. 무속에 대한 관심을 일깨웠고, 경기도 당굿 음악의 다채로움에 특히 관심들을 보였다. 이 공연을 본 유기룡劉起龍(1911-1990)[85]은 다음과 같이 무용평 난에 음악평을 썼다.

> 이들이 발표한 내용은 일찍이 볼 수 없었던 경기지방 도당굿(부락제)에서 가졌던 〈돌돌이〉(행차굿), 〈진쇠춤〉(전전의식前奠儀式), 〈제석춤〉(불사佛事), 〈터벌림춤〉(지신제地神祭), 〈손님굿춤〉(역신제疫神祭), 〈구능님춤〉(무당이 섬기는 신제神祭), 〈도살풀이춤〉(역전의식役奠儀式)의 주요 과장(科場 : 걸이)들이었다.
>
> 무속무용의 특성은 신단(神壇) 앞에서 행하는 의식무용이다. 민간이 갖는 축원을 신에게 고사하면서 이에 대한 계시를 영감으로 전달받

84) 문공부 · 문예진흥원 주최, 『제17회 전국민속예술경연대회 서울특별시 출연작품』, 「민속무용 도당굿놀이」 팸플릿, 진주공설운동장, 1976.10.22., 속지 1쪽.

85) 유기룡(劉起龍) : 판소리 이론가. 전남 곡성(谷城) 출생. 호는 해사(海史). 광주 서중과 연희전문 영문과 및 동경 중앙대학(中央大學) 법학과 졸업. 대한국악원(大韓國樂院) 총무국장, 전남일보 문화위원, 아세아영화주식회사 기회위원 등 역임. 네이버 지식백과, 한겨레음악대사전, [검색일 : 2018.11.28.], https://terms.naver.com/entry.nhn?docId=1955535&cid=60486&categoryId=60486.

는 것이다. 무무(巫舞)가 격동할 때는 계시의 영감이 고조될 때의 작동이다. 그러므로 무속무용은 자기중심의 즉흥무가 아니고, 오히려 자아부정에서 신의(神意)에 따르는 타율성 무용이 되고 있다. 무속무용의 이 같은 정신 방향은 또한 우리 민간 음악의 지주가 되어지면서 전통의 원류를 형성하고 있는 것이다.

이번 발표회에서 아무나 발견할 수 있을 정도의 민간음악 원류를 보게 하였다. 돌돌이의 대년주(오가五歌)에서 판소리 원류가 보였으며, 제석춤에서 승무(僧舞)바라춤 탈춤의 기본 원형, 그리고 터벌림춤은 거의 농악에서 보는 춤 따위로 일관되었다.

이토록 선명하게 나타내는 민간음악의 원류현상에 대하여 이제는 보다 더 충실한 방향으로 보존에 완벽을 기해야겠다.[86]

유기룡은 '김숙자무속무용발표회'를 무당의 '굿 발표회'로 오인했던 것이 아닌가 싶다. 판소리 이론가인 유기룡의 관심은 음악에 있었기 때문에, 이용우李龍雨(수원 78), 이충선李忠善(경주 75), 지갑성池甲成(서울 66), 임선문林善文(오산 64), 정일동鄭日童(서울 63), 전태룡全泰龍(인천 55)으로 구성된 이 방면의 숨은 노장, 도당굿 화랭이(산이)들이 연주한 굿음악에 지금까지 온전히 듣지 못했던 놀라움을 표하고 있다. 그런데 무용 설명에서는 "자아부정에서 신의神意에 따르는 타율성 무용이 되고 있다."는 등의 지극히 개인적이며, 무속에 대한 원론적인 견해를 피력하고 있다. 김숙자의 무속춤에 대해서는 나열에 그친 것으로 볼 때, 이 춤에 대해 온전히 이해하고

86) 『동아일보』 1976.12.15. 5면.【무용評 : 啓示어린 「靈感」의 律動 : 金淑子巫俗舞踊発표】

평을 쓴 것이 아님을 알 수 있다.

양길순에 의하면, "부정놀이나 도살풀이춤은 70년대 후반 들어서 예술적으로 재창조하여 가르치기 시작하였다."고 한다.[87] 김숙자의 조카 이산용에 의하면, 대전에서는 〈부채춤〉, 〈장구춤〉 같은 것을 가르쳤다고 하였다. 도살풀이춤은 "정병호 교수님이 드나들면서 발굴해낸 거야."라고 했다.[88] 민속학자 심우성은 무용계의 정병호 중앙대교수를 끌어들여 무용학의 논의를 주선하도록 했던 것이다. 그런데 정병호는 심우성의 생각과는 달리 김숙자의 살풀이춤도 기방춤의 한 유형으로 정리하였다.

> 무속의례에서 무당이 '살풀이' 가락에 맞추어 춘 춤은 고풀이할 때, 액이나 살을 풀 때, 또는 잡귀 · 잡신을 몰아낼 때 무섭고 거칠게 행동하는 전투적인 주술춤을 춘다. 그러나 창우나 기생들이 춘 살풀이춤은 이러한 종교적 의례성이라든가 전투적 주술성이 전혀 없고 예술성이 돋보인 춤이다. 이렇게 보았을 때 현존한 살풀이춤은 주술적 의미는 전혀 없고 단지 살풀이하는 시나위곡에 맞추어 추어지므로, 이 춤은 음악적으로 관계를 지어 살풀이춤이라 이름 지어진 것이라 하겠다. 따라서 살풀이춤은 살풀이라는 무속음악에 맞추어 창우, 기녀들에 의해 창조된 기방계의 춤이라 하는 것이 타당하다.[89]

87) 양길순, 「구술(口述)로 본 김숙자 연구」, 35쪽.
88) 양길순, 「구술(口述)로 본 김숙자 연구」, 36쪽.
89) 정병호, 『한국의 전통춤』, 서울 : 집문당, 1999, 223쪽.

정병호의 이러한 인식으로 인해 김숙자의 도살풀이춤은 이매방의 살풀이춤과 동종同種으로 묶여서 국가무형문화재 제97호로 지정되는 안타까운 배경이 되었다. 그런데 심우성의 생각은 정병호와 확실히 달랐다.

> 오늘날 김숙자가 추고 있는 살풀이가 실제 종교 의식을 떠나 무대에서 자주 연희된 관계로 다소 변질되었다 할지라도 반주를 맡고 있는 잽이들은 경기 지방 무악을 이어 오는 원로들로서 그 가운데는 지금도 무업에 종사하고 있는 분도 있다. 이용우, 이충선, 임선문, 정일동, 전태용 모두가 건재하다.
> 도당굿의 현장에서 추어지는 것이 아니기 때문에 종교성을 내세울 수 없다. 그러나 분명한 경기 무악에 추는 춤이고 보면 전적으로 예술무용 또는 기방 무용 등으로 밀어붙일 수는 없다. 거듭 남도 무악에 맞추어 추는 것이 도살풀이가 아님을 분명히 해두고자 한다.[90]

이 두 학자에 의해 김숙자의 무속춤이 발굴되었고, 또 "무속춤을 무대화하지 못하고 있던 때에" 이들의 도움으로 도살풀이춤이 무대에 오를 수 있었다.[91] 그리고 "김숙자는 이러한 도살풀이춤의 무대화를 확대하여 지역의 각 굿을 무대화하는 데 앞장섰다."[92] 이 과정에서 박병천의 진도 씻김굿 중 〈지전춤〉 등이 무대예술화

90) 심우성, 「역동성, 건강성, 남성다움을 되찾아」, 『故 金淑子(藝能保有者) 1周年 追慕公演』 팸플릿, 속지 20쪽.
91) 양길순, 「구술(口述)로 본 김숙자 연구」, 36쪽.
92) 양길순, 「구술(口述)로 본 김숙자 연구」, 36쪽.

의 노정을 밟은 것으로 볼 수 있다. 성기숙은 김숙자의 무속공연 활동 추진으로 다른 지방 굿들이 차츰 학자들의 눈앞에 발굴되도록 현장을 제공하고, 마침내 문화재로 인정되도록 하였음을 아래와 같이 설명하고 있다.

> 79년 김숙자 자신이 한국무속예술보존회를 창립해 매년 전국의 굿판에서 활동하고 있는 무속예능인을 중앙으로 불러 모아 직접 공연무대를 주선하는 일을 추진하였다. 이를 계기로 진도씻김굿, 동해안 별신굿, 경기도당굿, 서해안풍어제 등이 차례로 무대에 올랐고, 머지않아 이 굿들은 모두 중요무형문화재로 지정되어 소멸될 뻔하다 무속이 문화재의 반열에 오르게 되었다.[93)]

김숙자는 지방 무속의 특징적인 굿을 발굴하도록 도움을 주었을 뿐만 아니라, 자신은 예술적으로 정비된 〈도살풀이춤〉과 그 밖의 전통춤들을 가지고 공연 무대를 채워 나갔다. 1979년 12월 8일 전통무용연구회(회장 정병호)에서 주최하는 첫 '명무전名舞展'에 〈도살풀이춤〉으로 나가 여타의 춤과 비교되는 자신의 전공은 무속계열임을 분명히 천명하였다.[94)] 그리고 1981년 한국무속예술보존회 주최의 무속예술발표회를 필두로 1980년대에는 괄목할 만한 무대공연활동들을 이어나갔다.

93) 성기숙, 「恨과 神明을 넘나든 초탈의 경지 : 金淑子論」, 『대한무용학회논문집』 Vol.31, 53쪽.

94) 『동아일보』, 1979.12.11. 5면. 【스케치 : 타고난 춤군들 「名舞展」에 갈채. 74세高齡 젊은이 솜씨 뺨칠 정도】

> 1981년 제1회 무속무용발표회를 가지면서 본격적인 활동기를 맞이하게 된다. 이어 1982년에는 경기무속발표회를 개최하고, 1983년 한국명무전과 1984년 일본 문화재 하마노와 공연하고, 1986년에는 '86 아시안게임' 문화예술축전 인간문화재급 명무전에 출연하였다. 또 1987년에는 신춘명무대공연과 1988년 '제24회 서울올림픽' 성화맞이 공연을 하였는데, … 이와 같은 의식은 또 다른 전통의 발전적 계승이라는 문제를 제시한 계기가 됐다. 1989년 '김숙자 전통무용 큰 춤판'을 개최하였고, 마지막 공연인 1990년 독일 퀼른에서 개최된 〈가우클러 페스티벌〉에 초청받아 공연을 하고, 1990년 10월 무형문화재로 지정받았다.[95]

곽은경은 김숙자에게 있어서 1980년대는 "무속인이라는 기존의 편견을 불식하고, 전통예술인으로 예술적 평가를 받은 무대양식화의 결정적 시기로 볼 수 있다."고 하였다.[96] 결국 김숙자의 주요 춤은 경기도당굿을 기초로 한다는 점을 여러 연구자들이 실증해 준다. 한수문은 심우성과 이보형이 1976년 작성·보고한 『무형문화재 조사보고서 제121호 : 안성무속(경기시나위춤)』을 근거로 "김숙자가 추었던 경기시나위춤 7바탕은 〈부정놀이춤〉, 〈터벌림춤〉, 〈진쇠춤〉, 〈제석춤〉, 〈깨끔춤〉, 〈올림채춤〉과 〈도살풀이춤〉"이라고 하였다.[97] 임수정에 따르면, 김숙자의 부정놀이춤은 "경기도당굿의 군웅굿軍雄의 형식을 빌어와 재창조한 것"이라고 하였다.[98]

95) 곽은경, 「김숙자 도살풀이춤의 무대화 전이과정에 관한 연구」, 12-15쪽.
96) 곽은경, 「김숙자 도살풀이춤의 무대화 전이과정에 관한 연구」, 12-15쪽.
97) 한수문, 「김숙자류 경기시나위춤에 관한 고찰」, 『공연문화연구』 Vol.22, 434쪽.

> 김숙자의 부정놀이 춤은 군웅굿의 의상과 음악을 빌려 만들어졌고 무가의 반주에 사용되는 도살풀이 장단을 이용하여 춤을 만들었으며 두 사람이(무녀와 화랭이) 추던 터벌림 춤을 독무로 만들었다. 즉 김숙자의 부정놀이 춤은 경기도당굿의 군웅굿거리에서 추어지던 무당의 춤을 원류로 하여 자신의 독특한 기법으로 승화시켜 공연예술적 성격의 춤으로 재창조한 것이다.[99]

김숙자의 경기도당굿 군웅굿과 김숙자의 부정놀이춤의 부정놀이 장단춤을 비교 분석한 김기화는 "두 춤의 부정놀이 장단춤은 차이점보다 유사성이 훨씬 많음을 발견"하였다고 하였다. 이로써 "김숙자는 전통굿인 경기도당굿의 원리를 충분히 이해하고 그 원리에 입각해 춤사위를 발전시키거나 창작했음"을 분석적으로 입증하였다.[100] 또 양길순은 터벌림과 진쇠춤, 제석춤에 대해 다음과 같이 정리했다.

> 터벌림은 순수하게 화랭이들이 노는 것인데, 한 사람씩 꽹과리를 들고 치면서 장고와 징 등에 맞추어 장단을 바꾸어 가며 춤을 추는 것이다. 이 부분을 터벌림춤으로 만들어낸 것이다. 또 진쇠춤은 돌돌이에, 제석춤은 제석굿에서 따온 것이다. … 도살풀이춤은 본래 굿의 마지막인 뒷전이 끝나고 뒷놀음으로 추던 춤이다.[101]

---

98) 임수정, 「김숙자의 부정놀이춤 연구 : 동작구조의 분석을 중심으로」, 7쪽.
99) 임수정, 「김숙자의 부정놀이춤 연구 : 동작구조의 분석을 중심으로」, 8쪽.
100) 김기화, 「경기도당굿 군웅춤과 김숙자류 부정놀이춤의 비교연구 : 부정놀이 장단의 부채, 방울춤을 중심으로」, 『한국무용연구』 Vol.24 No.1, 70-71쪽.
101) 양길순, 「구술(口述)로 본 김숙자 연구」, 40쪽.

이상의 연구 내용들을 종합하면, 김숙자는 1963년 서울로 올라와서 무용학원을 운영하는 등 무용활동을 계속했으나 1976년 이전까지는 무용계나 학계에 의미 있는 존재로 부각되지 못했다. 1976년 심우성을 찾아가 만남을 이룬 후, 무속무용가로서의 입지를 다지며 전통문화로서의 무속을 발굴 정비하는 데 앞장섰다. 그리고 1976년을 계기로 무속과 관련한 공적 활동을 적극적이며 활발하게 전개시켜 나갔다. 즉 이보형과 심우성의 무속무용 활동의 종용으로 김숙자의 전통춤이 주목받기 시작했다. 당시의 무용계 추세인 공연예술로서의 의미를 갖추고자 무속의 굿 과정을 무속무용이라는 예술화의 재창조 작업을 거치게 되었다. 그럼에도 불구하고 태생적 세습 무계를 계승한 김숙자의 경기도당굿에 대한 깊은 이해를 부정할 이는 없었다. 따라서 김숙자의 무속무용은 경기도당굿 전통음악을 기초한 전통 무속춤으로서의 의미를 갖게 되었다.

1970년대 이후의 김숙자 활동 연보는 1992년 제작된 『고 김숙자(예능보유자) 1주년 추모공연』 팸플릿에서 가장 많은 정보를 얻게 된다. 양길순의 「구술口述로 본 김숙자 연구」(2006년) 중 김숙자의 활동경력은 전자의 팸플릿과 동일한 내용을 담고 있다. 그리고 성기숙의 「恨과 神明을 넘나든 초탈의 경지 : 金淑子論」(2001년)에는 팸플릿의 오류를 일부 바로잡았다. 그러나 연도를 계산하는 데는 충분히 고려되지 못했음을 앞서 문제로 제기하였다. 기존의 김숙자 춤 활동 연보를 신문이나 기타 기록에 근거하여 비교해 볼 때, 몇 군데 오류가 발견되지만 큰 흐름에서는 무리 없이 기술되었다고 판단된다. 연보의 새로운 정리는 맺음말 장에서 종합하기로 하겠다.

5. 맺음말

지금까지 김숙자의 생애 안에서 무속무용가로 1976년 등장하기까지의 김숙자 춤 활동 연보를 다시 살펴보았다. 특히 초년학습과 대전활동에 대해서는 김숙자의 어린 시절을 관습나이로 설명한 점에 대해 채록자가 연도를 잘못 산정하고 기록함으로써 첫 오류가 발생했음을 확인하였다. 그리고 다음 기록자 역시 이전의 오류를 살피지 못하고 그대로 기술함으로써 오류가 재생산되었음을 밝혔다. 게다가 구술자인 김숙자는 자신의 과거에 대해 여러 채록자들에게 각기 다른 사실을 설명하기도 했다.

또 대전에서 활동하게 된 시기나 내용적 차이에 대해서도 오류가 발견되었기에 새롭게 연보를 정리할 필요를 제기하였다. 김숙자는 1990년 10월 10일 마침내 국가무형문화재 제97호 살풀이춤 기예능보유자로 인정되었다. 그리고 1991년 12월 23일에 별세하였다.[102] 그가 태어난 때는 1927년 11월 27일로 여러 자료에 표기되어 있으나, 사후 1926년 12월 20일이 본 생일임을 다시 확인할 수 있었다. 그러므로 김숙자의 관습나이는 양력으로 1927년 1월부터 1세를 기준하여 연도를 제시하였다. 김숙자의 기억에 의존하여 진술된 나이는 대체로 한국의 관습적 나이라고 환산하였기 때문이다.

이상의 재고 결과를 반영한 김숙자 춤 활동의 새로운 연보를 아래에 표로 제시함으로써 본 연구의 결론을 대신하겠다.

102) 문화재청 문화재 전승자정보, [검색일 : 2018.11.29.], http://www.heritage.go.kr/heri/cul/selectJunsList.do?ccjuKdcd=17&ccjuAsno=00970000&ccjuCtcd=ZZ.

〈표 5〉 김숙자의 춤 관련 활동의 새 연보

	관습나이	연도	활동 내용
초년 학습기	1세	1926.12.20	김숙자 탄생
	6세	1932	부친 김덕순에게 춤을 전수받기 시작함
	7세	1933	입춤(기본 살풀이춤) 추게 됨
	8세	1934	도살풀이춤 떼고 춤시레 함 보개보통학교(안성초등학교) 입학
	11세	1937	줄타기 학습(1942년까지 굿판에서 연행)
	12세	1938	부친으로부터 무속무용 입문
	13/15/17세	1939/1941/1943	수원권번 소속 조진영선생에게 소리와 전통춤 학습
	13세	1939	광주 너더리 배사골 도당굿 참가. 무속무용과 승무 연행 보개보통학교(안성초등학교) 졸업
	15세	1941	안성 어녀리굿판 이후 굿 금지
	?	?	굴 속 등에 숨어서 부친으로부터 소리공부를 계속함
	16세	1942 (6개월간)	서울 이동안 무용단체 가입. 악극으로 만주, 봉천, 심경, 하얼삔 등지로 위문공연 다님
		이동안 단체 이후	우리나라 각 면 소재지를 찾아다니며 계몽공연
해방과 6·25 전쟁	20세	1945.08.15	해방직후 칠성사에서 아버지와 공부
	21세	1946	서울에 김숙자 민속무용 학원 개원(1년 운영)
	22세	1947	오소산 정암사에서 기예공부
	25–27세	1950–1952	6·25전쟁 중 안성 고향에서 지냄 이 무렵 목에 이상이 생김. 건강 악화
			대전 유성온천으로 휴양 감
	27세	1952	나승엽의 무용학원에서 1달간 무용지도 중 대한부인회의 주선으로 대전에 무용학원 개설

	관습나이	연도	활동 내용
대전 활동	27-35세	1952-1960	대전국악원 창설 대전에서 고전무용발표회. 4회 발표함
	37세	1962.06.14	창극 〈이순신장군〉으로 신인예술상 국악부 특상 수여
군산 활동	38세	-1963	9개월 동안 군산 무용학원 개설 운영
서울의 초기 활동	38-39세	1963-1964	서울 상경. 박초월국악학원에서 1년간 춤 지도
	39-51세	1964-1976	단성사 주변, 왕십리, 마포 신석동, 신촌, 비원 앞, 돈암동, 이문동, 동대문, 낙원동으로 옮겨가며 김숙자민속(고전)무용학원 운영
	47세	1972.01.27-03.14	재일거류민단 초청 위문공연[103]
	51세	1976	김숙자, 심우성을 찾아가서 도움 요청
서울에서 무속무용가로의 활동		1976.06.30	무형문화재조사보고서 제121호, 「안성무속(경기시나위춤)」 이보형, 심우성 작성 보고
		1976.10.22-24	개천예술제 겸 제17회 전국민속예술경연대회 서울지역 도당굿놀이로 참가
		1976.12.11	김숙자 무속무용발표회(한국문화예술진흥원 강당)
	54세	1979.08	한국무속예술보존회 회장
		1979.05(or 10)[104]	한국국악협회 무용분과위원장
		1979.12.08	제8회 전통무용발표 〈명무전〉(서울예고 강당)
	55세	1980.09.11-17	극단 가교 〈산넘어 고개넘어〉 김숙자 안무 지도
		1980.10.05	김숙자 일가의 경기도도당굿 재현(민속촌 양반가)

	관습나이	연도	활동 내용
서울에서 무속 무용가로의 활동	56세	1981.07.21	제1회 무속예술 발표회(한국의집 민속극장) 제주도 〈처서영맞이〉, 동해안 〈오귀굿 중 군웅장신굿〉, 황해도 〈소머리굿〉, 진도 〈싯김굿〉 뒷풀이 중 〈북놀이〉, 경기도 〈도당굿〉 등 5개 종목 발표
		1981.11.11	김숙자 전통무용발표회(문예회관 대극장)
	57세	1982.02	한국무속무용 일본공연
		1982.06.06-07	전통예술의밤-김숙자의 무속무용발표 (공간사랑)
		1982.08.07	제2회 무속예술발표회 : 황해도 〈만구대탁굿〉, 〈동해안별신굿〉 (문예회관 대극장)
		1982.11	제3회 무속예술발표회
	58세	1983.03.23-24	한국명무전Ⅱ. 서울시립무용단 14회 정기공연 〈부정놀이〉 출연
		1983.07.03	전통무용의밤 : 이매방, 김숙자, 이동안 (판소극장)
	59세	1984.09.06	제4회 전통무속예술발표회 : 경기도당굿 (중앙국립극장 소극장)
		1984.11.14	무용예술큰잔치 : 민속무용 김숙자의 〈도살풀이〉(국립극장 대극장)
	60세	1985.03.04	산울림 소극장 개관 잔치 전통무용의밤 : 이동안, 김숙자 출연(산울림 소극장)
		1985.08.05	제5회 무속예술 발표회 : 동해안별신굿, 경기무속무용(문예회관 소극장)
		1985.08.18-19	한·일 춤의 원류를 찾아[105](소극장 산울림); 김숙자와 일본 하마노긴보(濱野金峰) 노(能) 무형문화재, 야마우찌가네오(山內兼王) 일본민요가, 반또고또지(坂東高登治) 일본무용가 참가

	관습나이	연도	활동 내용
서울에서 무속 무용가로의 활동	61세	1986.03	국악협회 무용분과 공연
		1986.04.05	경기도당굿 발표(우이동 종점 전씨네 굿당; 김숙자 환갑 여탐굿)
		1986.08.30	제6회 무속예술발표회 : 우옥주의 〈만구대탁굿〉(문예회관 소극장)
		1986.09.20	86(아시안게임)문화예술축전 무용제 : 전통명무공연(국립극장 대극장)
		1986.11.01-02	김숙자회갑기념공연(문예회관 대극장)
		1986.12	도살풀이 워크샵(일본 동경)
	62세	1987.01.02-04	87신년맞이 전통명무공연(문예회관 대극장)
		1987.03.26	한·일 춤의 원류를 찾아(산울림 개관 2돌 잔치)
		1987.07.30-08.05 8월 1일 출국예정	일본 이와테현 하야시네 무속 페스티벌 참가(김숙자 경기도 도살풀이춤, 우옥주 만구대탁굿 공연)
		1987.08.22	제7회 무속 정기 발표회 : 경기도무속무용, 진도씻김굿(문예회관 대극장)
	63세	1988.09.16	서울올림픽 성화맞이 공연(시청 앞 광장, 김숙자민속무용단)
	64세	1989.03	도살풀이 워크샵(일본 동경)
		1989.04.28	김숙자의 춤세계(춤마루 소극장)
		1989.05.23	김숙자 전통무용큰춤판(문예회관 대극장)
		1989.08.11	제9회 무속예술발표회 : 경기도당굿, 동해안별신굿 5거리(문예회관 대극장)

	관습나이	연도	활동 내용
말년	65세	1990.09	독일 퀼른국제마임페스티벌(가우클러 90) 참가 초청공연
		1990.10.10	국가무형문화재 제97호 살풀이춤 예능보유자 인정
		1990.12.15	제10회 무속예술발표회(문예회관 대극장)
	66세	1991.12.23	서울원자력병원(태릉)에서 후두암으로 별세 예능보유자 해제 25일 동숭동 문예회관 뒷마당에서 국악인장으로 장례함

이상, 무속무용가 김숙자의 생애사를 연보를 통해 새롭게 조명하고 오류를 바로잡아 정리하였다.

기존의 『고 김숙자(예능보유자) 1주년 추모공연』 팸플릿에는 1981년 5월에 황해도대탁굿 발표회를 연행한 것으로 표기되어 있다. 이는 한국의집 「토요마당놀이」에 첫 프로그램인 1981년 4월 18일

103) 일본 삿뽀로에서 펼쳐지는 올림픽 개막공연에 박귀희, 한영숙과 함께 민간예술단 51명에 포함되어 참가한 것으로 보인다. 1월 27일부터 2월 2일까지 11차례의 한국민속공연을 가졌다고 한다. 민간예술단은 3월 14일까지 일본 전역에서 순회공연을 가졌다고 하였다. 『경향신문』 1972.01.22. 8면. 【농악 · 부채춤등 11회공연 雪原에 펼칠 民俗의 향연】

104) 김영희 · 한정옥 채록, 「부정놀이춤 : 경기무속무용의 예능보유자 金淑子」, 『한국명무전II : 서울시립무용단 제14회 정기공연』 팸플릿, 109쪽에는 1979년 5월에 한국국악협회 무용분과위원장이 된 것으로 표기되었는데, 『故 金淑子(藝能保有者) 1周年 追慕公演』 팸플릿, 속지 38쪽의 연보에는 10월로 표기되었다. 신문 등의 기록을 조사했으나 사실여부를 확인하지 못했으므로, 두 가지를 함께 표기하였다.

105) 성기숙, 「恨과 神明을 넘나든 초탈의 경지 : 金淑子論」, 『대한무용학회논문집』 Vol.31, 65쪽에는 1984년의 사건으로 표기하였다. 이는 『경향신문』 1985.08.13., 11면. 【공연과 대화의 모임. 「한일춤의 원류를 찾아」 18,19일 이틀간】을 근거로 수정이 필요하기에 양길순, 「구술(口述)로 본 김숙자 연구」, 47쪽의 〈김숙자 예술활동 경력〉에 자세한 사항을 추가 정리하였다.

황해도대탁굿을 말하는 것 같다. 그런데 이 행사는 한국의집 주최 행사이므로 김숙자와 직접 관련되지 않았던 것이므로 이 연보에서 삭제하였다. 또 1985년 6월에 '김숙자 전통무용의 밤' 행사가 있었다고 기존 연보에 표기되었으나, 신문을 검색한 결과 1985년 3월 4일 산울림 소극장 개관 잔치인 '전통무용의 밤'을 말하는 것으로 보인다. 이에 일자를 수정하고, 당시 이동안과 김숙자가 산울림 소극장 측으로부터 초청받아 출연하였음을 추가 정리하였다. 또 기존 연보에는 연도와 월만 표기된 것을 가능한 일자까지 찾아서 보충하였으며, 활동 내용의 명칭도 바로잡는 데 노력하였다.

목진호

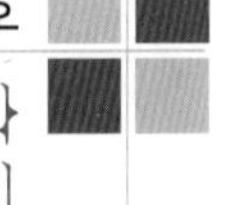

이매방류 살풀이춤의 연구사 검토와 그 가치

1. 들어가면서

우봉宇峰 이매방李梅芳(1927-2015) 명인은 전남 목포시 대성동 186번지에서 부친 이경율과 모친 조병림 슬하에서 10남매의 막내로 출생하였다.[1] 그는 목포 북교소학교와 목포고등학교를 졸업했고, 한국의 전통춤에 관한 학습을 주로 이대조李大祚, 박영구朴榮九, 이창조李昌祚 등에게 사사 받았다고 한다.[2] 1950년에 이매방 무용연구소를 개설한 이래, 국내는 물론이고 세계 각국을 누비며 공연 사업과 교육 사업을 진행하여 큰 반향을 불러일으켰다. 그

1) 양종승, 「하늘이 내린 춤꾼, 宇峰 이매방 선생님을 追惜하며」, 『문화재』 통권372, 2015, 24-27쪽.

2) 이병옥 · 서승우, 『한국의 중요무형문화재 11 : 살풀이춤』, 국립문화재연구소, 1998, 74-83쪽.

결과, 1987년 중요무형문화재 제27호 승무, 1990년 중요무형문화재 제97호 살풀이의 예능보유자로 지정받기에 이른다.

그가 남긴 대표적인 전통춤은 승무와 살풀이춤이다. 이 두 가지 춤 종목은 한국 전통춤의 대표적인 공연 종목이라고 할 수 있고, 그 예술성 또한 널리 인정받은 실정이다. 그중에서도 살풀이춤은 '살煞이나 한을 풀어내는 춤'으로서, 무속에서 유래되어 예술 작품으로 무대화된 작품이라고 말할 수 있다.[3] 살풀이춤의 어원은 무속과 관련된 측면에서 고대 부족국가시대로부터 연원하는 춤으로 보기도 하고,[4] 기녀가 담당층이라는 측면에서 교방의 역사를 거슬러 올라가 발해나 고구려까지 소급하기도 한다.[5] 살풀이춤의 명칭이 나타난 시점은 1918년 조선연구회에서 편찬한 『조선미인보감朝鮮美人寶鑑』이란 책자에 실린 남중속무南中俗舞(살푸리춤)의 기록부터이다.[6] 하지만 이 춤이 어떤 형식의 춤인지는 확인할 길이 없고, 이 기록 이후로도 별 다른 기록이 없는 형편이기 때문에, 일반적으로는 1938년 조선음악무용연구소의 발표회 때 정식 종목으로 무대화된 한성준韓成俊(1875-1941)의 춤을 오늘날 살풀이춤의 전거로 보는 경향이 있다.[7]

이러한 살풀이춤의 중요성으로 인해 이매방류 살풀이춤에 대한

3) 양종승, 「우봉춤 종류와 예술형식 및 가치」, 『국무 · 우봉 이매방』, 우봉이매방춤보존회, 2011, 156-201쪽.

4) 민영현, 「한국무용 예술의 생명미학에 관하여 : 巫舞와 살풀이춤의 상호 관련성을 중심으로」, 『哲學論叢』 41, 새한철학회, 2005, 75-107쪽.

5) 이병옥 · 서승우, 『한국의 중요무형문화재 11 : 살풀이춤』, 15-23쪽.

6) 문화재관리소, 『무형문화재조사보고서 : 승무 · 살풀이(서울 · 京畿 · 忠淸篇)』 14, 문화재관리국, 1991, 9쪽.

7) 김영희, 「[무용(3)] 「살풀이춤」의 근대성」, 『공연과 리뷰』 62, 현대미학사, 2008, 30-39쪽.

선행연구는 물론이고, 교육이나 공연과 관련된 영상자료와 구술자료도 다수 전해지고 있다. 이러한 선행연구는 학위논문이나 학술지논문은 물론이고, 화보집이나 평전 등의 단행본으로 이매방류 살풀이춤을 이해하는 데 많은 도움을 제공하였다.

그럼에도 불구하고, 그동안 이매방류 살풀이춤에 대한 선행연구에 대해 연대별 분석이나 분석틀을 활용한 연구는 아직까지 시도되지 않은 실정이다. 살풀이춤의 기록이 1918년 나온 이래, 2019년까지 100년을 넘기는 현 시점에서 이매방류 살풀이춤에 대한 선행연구에 대해 역사적, 사회적, 현장적, 예술적 맥락에서 검토해보는 것은 연대별 연구 경향을 파악한다는 측면과 이매방류 살풀이춤의 가치를 재조명한다는 측면에서 상당히 의미 있는 작업이라고 말할 수 있다.

역사적, 사회적, 현장적, 예술적 맥락 등의 분석의 틀은 세부 영역을 포괄한다.[8] 역사적 맥락은 어원과 유래를 다룬 사적 영역과 철학사상, 또는 미학이나 미적 특징을 다룬 경우이다. 사회적 맥락은 살풀이춤이 갖는 무형문화재로서 지정되는 과정, 공연활동, 보존회사업과 관련한 사회적 활동에 중점을 둔 경우를 말한다. 현장적 맥락은 춤을 경험한 주체의 인식이나 효과를 다룬 교육이나 구술을 채록하는 경우다. 예술적 맥락은 춤사위를 분석하거나 의상이나 소도구, 또는 음악 분석을 다룬 경우이다.

그러므로 이 글에서는 이매방류 살풀이춤에 대한 1970년대로부터 2010년대까지의 단행본과 학위논문, 학술지논문의 내용을

8) 이 글에서 활용하는 분석틀은 목진호, 「경기 도당굿 '화랭이' 개념에 관한 문화기술지 연구」, 『국악원논문집』 25, 국립국악원, 2012, 87-118쪽 참조.

역사적, 사회적, 현장적, 예술적 맥락 등 네 가지 분석틀에 입각해서 분석함으로써, 이매방 살풀이춤이 갖는 시대별 연구 경향을 파악하고 그 춤의 가치를 재조명하는 데 목적을 둔다.

2. 1970-1980년대 연구사 검토

1970대부터 1980년대까지 연구사 검토를 함께 다루는 이유는 이 시기 선행연구가 많지 않기 때문이다. 이 시기 단행본 2편과 학위논문 1편, 그리고 학술지 논문은 1편뿐이다.

1) 학술지논문 및 단행본

문인숙, 「살풀이 춤의 소고(小考) : 무속(巫俗)과의 상관면(相關面)에서」, 1982.

이 논문에서는 서울, 중부지역, 전라도 지역, 동해안 지역, 제주도 지역에 걸쳐 굿의 제차, 굿 음악, 춤사위, 무복 등에 대해 개괄한 글이다. 이 논문에서 살풀이춤은 무대화된 춤 종목이라기보다는 일반적인 무속춤을 가리키는 개념으로 보인다.

정병호, 『韓國 춤』, 동방인쇄공사, 1971.

이 책에서는 한영숙, 이매방, 김숙자의 살풀이춤을 다루면서 이매방류의 춤사위인 평사위, 걸치기, 지숫는 사위, 안가랑(발들기), 휘젓는 사위, 맺는 사위, 채는 사위, 펴는 사위, 비껴든 사위, 수건 휘날리기, 꼬리치기, 수건돌리기, 뒤로 회무, 어르는 사위, 앞으로 뿌리는 사위, 뒤로 젖혀 뿌리는 사위, 빙글 도는 사위, 뱅글 도는 사위, 잉어걸이, 완자걸이, 까치걸음, 비디딤 등을 분류하여 설명하고 사진을 소개하였다. 또한, 이 책에서는 경중정동輕重靜動, 평사거굴합확원파平斜擧屈合擴圓波, 연회도連回跳에 입각해서 춤사위를 분석하기도 했다.

김선풍, 「朝鮮美人寶鑑 解題」, 『朝鮮美人寶鑑』, 민속원, 1984, 영인본.

김선풍은 『조선미인보감』에 대한 해제에서 경성부, 경기도, 경상북도, 경상남도, 평안남도, 황해도, 강원도, 충청북도, 충청남도, 전라북도, 전라남도, 평안남도, 평안북도, 함경남도로 구분하여 군郡, 동洞, 정町으로 세분하여 기녀수를 표로 제시하였고, 기녀의 나이를 9세부터 33세까지 구분하여 그 숫자를 알 수 있도록 표를 제공하였다. 또한, 기녀들이 가진 기예를 열거하면서 남중속무南中俗舞(살푸리춤)를 포함시켰다.

2) 학위논문

김경주, 「살풀이춤에 대한 美學的 接近 : 이 매방의 살풀이춤을 중심으로」, 1984.

이 글은 살풀이춤의 어의와 유래, 살풀이 42장단에 따른 이매방류 춤사위 사진을 제시하고, 몸통 · 팔 · 발 · 시선 · 호흡에 따라 춤의 외적 구조로서의 공간 활용을 분석하였다. 또한, 이 글에서는 소림신차小林信次의 이론에 따라 이매방류 살풀이춤의 몸통 · 팔 · 시선에 대한 상징적 의미를 분석한 결과, 어둠, 고통, 악마추방의 동기로 구성되었고 자유와 밝음을 지향한다는 점을 덧붙였다.[9] 내적 구조로서 발동작과 호흡의 분석은 정중동의 개념을 토대로 분석하여 동을 지향하는 춤으로 결론지었다. 마지막으로는 백색 의상과 수건의 미적 특징을 밝혔고, 심미적 특징을 내용적 측면에서는 비장미와 형식적 측면에서는 우아미로 규정하였다.

3) 1970-80년대 연구의 맥락 분석

이 시기의 선행연구를 역사적, 사회적, 현장적, 예술적 맥락에서 분류해보면, 정병호(1971)와 김경주의 연구는 춤사위를 분석한 경우로 예술적 맥락에 해당한다. 김경주의 논문 제목은 미적 특징을 다루는 주제로 볼 수 있지만, 논문의 대부분 춤 분석과 춤사위의 의미를 도출하고 있기 때문이다. 문인숙의 글은 살풀이춤의 유래를 무속에서 찾으려는 의도가 들어있지만, 굿의 제차와 무복, 장단을 고찰한 글이기 때문에, 예술적 맥락을 띠고 있다. 반면 김선풍의 해제는 기녀의 역사를 고찰하고, 살풀이춤의 역사와 관련되기에 역사적 맥락으로 이해된다.

---

9) 김경자 · 정화자 공역(小林信次 저), 『무용미학』, 고려원, 1983.

그러므로 1970-80년대 연구 경향은 역사적 맥락 1편, 예술적 맥락 3편이다.

3. 1990년대 연구사 검토

1900년대 연구사 검토는 학술지논문과 단행본, 그리고 학위논문을 검토한다. 1900년대 이매방의 살풀이춤에 관한 주제를 다룬 학술지논문은 3편, 단행본은 4편으로 조사되었다. 학위논문 10편의 목록이 아래에 제시되어 있다. 이 연구를 통찰하고자 선행연구에서 밝혀진 내용을 기술하고 4가지 맥락에 따라 분석하고자 한다.

1) 학술지논문과 단행본

01. 이노연, 「살풀이춤의 기법에 관한 연구 : 이매방류 살풀이춤을 중심으로」, 1992.
02. 김효분, 「살풀이춤에 나타난 정서적 측면에 관한 고찰」, 1999.
03. 송문숙, 「살풀이 특성과 장단 및 명칭에 관한 소고」, 1999.
04. 정병호, 『韓國의 전통 춤』, 집문당, 1999.
05. 김문애, 『3이의 살풀이춤 탐구』, 홍경, 1996.
06. 문화재연구소, 『무형문화재조사보고서 : 승무 · 살풀이(서울 · 京畿 · 忠清篇)』 14, 1991.
07. 이병옥 · 서승우, 『한국의 중요무형문화재 제97호 : 살풀이춤』, 국립문화재연구소, 1998.

01. 이노연의 논문은 이매방류 살풀이춤에 대한 민속학적 의의, 유래와 실태, 정서와 동작의 의의를 살피고, 춤사위의 철학적 해석과 기능적 특징을 담아내었으며 미적 특징을 제시한 글이다. 이 글에서는 살풀이춤의 창시자를 신방초로 보아 제1세대, 신공렬은 제2세대, 이장선을 제3세대, 박영구와 김금옥을 제4세대, 이대조와 한성준을 제5세대, 이매방과 한영숙을 6세대로 밝혔다.

02. 김효분의 논문은 살풀이춤의 유래로서 어의와 생성과정의 역사를 서술하고, 흰 의상과 수건의 상징적 의미를 한과 풀이로 설명하면서 이를 극복하여 신명으로 극복하는 과정을 정서라고 본 논문이다.

03. 송문숙의 논문은 김숙자류와 한영숙류, 그리고 이매방류 살풀이춤의 특성을 제시하고, 춤의 장단을 드러내기 위해 악보를 제시하였으며, 춤의 명칭을 고찰한 논문이다.

04. 정병호의 책에서는 이매방 살풀이춤의 형성과정을 남도 지방 창우나 권번기녀로부터 연유한 것으로 보고, 7세 때 이장선에게서 춤을 배운 뒤, 목포 권번에서 춤을 전수하던 전남 무안 출신 이대조李大祚, 광주 권번에서 춤을 지도하던 화순 출신 박영구朴榮九, 순창 출신 이창조李昌助에게 사사한 것을 조사하였는데 이들 세 명은 광대 출신이라고 한다.

또한, 이 책에서는 춤옷, 춤가락, 춤사위를 다루었다. 춤옷으로는 흰 무명 바지저고리에, 연분홍색 쾌자와 옥색의 무동복을 입는다고 하며, 흰 수건은 1m 50㎝의 길이의 50㎝의 폭을 가진 명주라고 한다. 춤가락은 삼현육각 반주에 애원성을 가진 곡이며, 춤사위는 기존에 제시했던 춤사위를 부연하였다.

05. 김문애는 이매방류 살풀이춤 이수자로서, 살풀이춤의 원형을 찾고자 한영숙, 이매방, 김숙자의 생애와 활동, 춤의 형식과 춤사위의 특징, 장단과 의상 및 도구, 그리고 춤의 계보와 살풀이춤의 미학적 특성에 대한 고찰을 시도하였다. 특히, 그는 무용이 종교의식, 무속 행사에서 연원을 두고 있음을 우선적으로 밝히면서도 살풀이춤은 예능인(창우)들이 창조한 교방춤(예능적 춤)이며 굿춤이나 허튼춤의 일종으로 보았다.[10]

06. 문화재연구소(1991)의 조사보고서에는 승무와 살풀이춤의 유래에 대한 유의미한 내용을 다루고 있다. 특히 김선풍 해제, 『조선미인보감』이라는 책을 인용하면서, 권번의 민속무용으로 남중속무南中俗舞(살풀이춤)가 추어졌음을 밝혔다. 또한, 이매방의 생애와 그의 살풀이 춤 무보와 사진을 싣고 있다.

07. 이병옥 · 서승우의 책은 국립문화재연구소에서 발행한 책으로서, 이 책에서는 살풀이춤의 어원과 유래를 밝히고, 전승자인 한영숙, 이매방, 김숙자의 계보와 춤의 특징을 규명하였으며 살풀이춤의 구성 양식으로서 반주 음악, 무복, 춤사위 특징을 밝혔다. 이 책에서는 살풀이춤 동작의 구조와 결합 양상을 분석한 후, 미적 특징에 대해 흰옷의 상징미, 수건의 표상미, 춤공간, 춤사위에 대해 밝혀 총체적인 형식을 갖췄다.

10) 김문애, 『3인의 살풀이춤 탐구』, 서울 : 홍경, 1996, 4쪽.

2) 학위논문

01. 김미현, 「살풀이 춤의 動作分析 : 無形文化財 97호 李梅芳流를 中心으로」, 1991.
02. 박미라, 「韓英淑 살풀이춤과 李梅芳 살풀이춤 비교 연구」, 1991.
03. 조성실, 「韓國의 傳通的 美意識에 觀한 살풀이 춤 硏究」, 1991.
04. 황춘미, 「살풀이 춤의 美的 特性 硏究」, 1992.
05. 최창덕, 「李梅芳 살풀이춤의 動作構造 分析 : 舞跡圖式과 記號化를 中心으로」, 1994.
06. 나영옥, 「韓國巫俗과 傳統舞踊의 構造에 관한 硏究」, 1995.
07. 박수영, 「한영숙류 살풀이춤과 이매방류 살풀이춤의 비교 연구」, 1995.
08. 이화진, 「살풀이춤의 류파별 비교분석」, 1995.
09. 박종필, 「李梅芳 傳統춤의 傳承過程에 관한 硏究」, 1996.
10. 김규희, 「살풀이춤에 나타난 '恨'의 정서」, 1997.

01. 김미현의 논문은 이매방류 살풀이춤에 대한 춤사위를 분석한 논문이다.

02. 박미라의 논문은 이매방류 살풀이춤의 미학적 특징을 조명한 논문이다.

03. 조성실의 논문은 살풀이춤의 어원과 생성과정을 밝히고 미학적 측면을 다룬 뒤 의상과 소도구의 상징적 의미를 제시하였으며, 이 춤의 특징을 설명한 글이다.

04. 황춘미의 논문은 한영숙, 이매방, 김숙자류 살풀이춤의 장

단과 춤사위, 그리고 미학적 특징을 밝힌 글이다.

05. 최창덕의 논문은 이매방 살풀이춤의 유래와 형성과정, 계보와 특징을 밝히고 춤의 구조를 분석한 뒤 미적 특성을 제시하였다. 그는 형성, 춤사위 동작, 동작맥, 무진법 등으로 구분하여 구조를 분석하였다.

06. 나영옥의 논문에서는 한과 신명을 전통무용의 특징으로 규정하여 춤사위를 구성하는 동작을 맺는형, 어르는형, 푸는형으로 나눠 제시하였다.

07. 박수영의 논문에서는 살풀이춤의 어의를 밝혔고, 이매방류 살풀이춤의 유래와 춤사위의 구성, 생애와 작품 활동에 대해 밝혔다. 특히, 그는 이매방류 살풀이춤의 특징을 반복이 없고 동적인 동작 이후에 반드시 정적인 동작으로 마무리한다는 점을 밝혔다. 무대구성에 있어서도 점진적으로 무대를 넓혀가면서 타원, 원형, 곡선을 위주로 한다는 점도 밝혔다. 이매방류 살풀이춤 동작에 있어서 저자는 첫박에 채 올리는 사위를 함으로써 강박을 주고 나머지 장단에서 약박으로 푸는 것이 가장 큰 특징이라고 보았다. 또한, 저자는 치마를 잡아채 올리는 동작에서 엉덩이 쪽에서부터 치마를 끌어 올려 허리에 메주는 동작을 주요한 특징으로 보았다.

08. 이화진의 논문에서는 이매방의 삶과 무용세계를 다루고, 이매방 살풀이 춤사위 용어를 비교한 후 미적 특징을 제시하였다. 그리고 그는 팔, 발, 몸통 등 세 가지 동작유형을 가지고 장단마다 분석하였다. 또한, 팔사위는 소림신차의 이론에 입각하여 상, 중, 하, 상→중, 중→상, 하→중, 상→하, 하→상 등 모두 9가지로 구분하였다.[11] 이 구분을 통해 상→하가 약 18.9%로 가장 높

았고, 그 다음이 중으로 17.4%였다. 그는 이매방 살풀이춤이 한영숙류에 비해 팔을 내리는 동작이 많아서 땅, 부자유함, 어두움의 공간을 많이 차지한다는 점을 밝혔다. 또한, 그는 몸통의 방향의 유형은 소림신차의 이론에 따라 구분하였고, 춤사위와 무진법의 유형은 정병호의 이론에 따라 이매방의 춤사위를 분석하였다.[12] 이 분석을 통해 저자는 이매방류 살풀이춤이 제자리형 25.7%, 도는형 42.5%, 걸음형 31.8%로 한영숙류에 비해 제자리형은 비중이 적고, 도는 형은 월등히 높음을 포착하였다.

09. 박종필의 논문은 이매방 춤의 예술적 배경을 이루는 생애사, 예술활동, 미학성을 다루고, 이매방 춤의 전승과정으로서 문화재 지정 당시의 상황, 전승자 등을 다루면서 전승실태와 계보를 고찰한 논문이다.

10. 김규희의 논문은 이매방류 살풀이춤의 유래, 소도구의 상징적 의미, 장단, 춤사위 구조를 밝히고, 한의 정서에 입각하여 춤사위를 분석하였다. 특히, 이 분석에서는 닫힌 구조로서 소극적 정서로서의 한과 열린 구조로서 적극적 정서로서의 한으로 구분하였다.

3) 1990년대 연구의 맥락 분석

1990년대 이매방류 살풀이춤을 주제로 다룬 학술지논문은 이노연, 김효분, 송문숙의 논문 3편과 정병호, 김문애, 무형문화재조사

---

11) 김경자 · 정화자 공역(小林信次 저), 『무용미학』.
12) 정병호, 「춤사위」, 『공연예술총서』 제7권, 한국문화예술진흥원, 1981.

보고서 14(1991), 이병옥 · 서승우 등 단행본 4편이다. 이노연과 김효분의 논문은 철학 사상과 미적 특징을 다룬 글이기에 역사적 맥락의 글로 보이며, 송문숙의 논문은 장단이나 춤사위와 관련된 특징을 주로 담고 있기에 예술적 맥락으로 볼 수 있다. 정병호는 춤옷, 춤사위, 춤가락을 다루었으므로 예술적 맥락, 김문애는 미적 특징이나 유래를 다룬 측면이 있지만 춤사위의 형식과 특징과 원리, 장단과 도구 등에 중점을 두었기에 예술적 맥락, 문화재연구소(1991) 무형문화재조사보고서 14의 1장은 살풀이춤의 역사와 이매방의 개인사를 다뤘으므로 역사적 맥락이고 4장은 이매방의 무보를 그려서 설명했기에 예술적 맥락이다. 이병옥 · 서승우의 책은 1장의 어원과 문화사적 배경, 5장의 미적 특징을 다룬 측면에서 역사적 맥락, 2장의 계보와 특징은 사회적 맥락, 3장 구성양식과 4장 살풀이춤사위 구조 분석은 예술적 맥락으로 나뉘어 세 가지 맥락에 해당해 총체적인 종합서로 분류될 수 있지만, 춤 체험 영역이나 교육적 영역, 구술자료의 영역 등 현장적 맥락은 빠져 있다.

1990년대 이매방류 살풀이춤을 주제로 다룬 학위논문으로는 김미현, 박미라, 조성실, 황춘미, 최창덕, 나영옥, 박수영, 이화진, 박종필, 김규희 등이 있다. 김미현, 최창덕, 나영옥, 박수영, 이화진은 춤 동작에 관한 주제를 다루고 있으므로 예술적 맥락, 박미라, 조성실, 황춘미, 김규희는 철학이나 미학적 특징을 다루고 있으므로 역사적 맥락, 박종필은 무형문화재 지정 당시 상황과 전승자의 계보에 대해 다루었으므로 사회적 맥락이라고 볼 수 있다.

1990년대 학술지논문과 단행본의 연구 경향은 역사적 맥락을 다룬 글이 이노연, 김효분, 문화재연구소(1장), 이병옥 · 서승우(1장,

5장) 등 4편이고, 사회적 맥락은 이병옥 · 서승우(2장)의 글로 1편이다. 예술적 맥락은 송문숙, 정병호(1999), 김문애, 문화재연구소(4장), 이병옥 · 서승우(3장-4장) 등 5편의 글이 있다.

1990년대 학위논문의 연구 경향으로는 역사적 맥락의 글이 박미라, 조성실, 황춘미, 김규희 등 4편이고, 예술적 맥락은 김미현, 최창덕, 나영옥, 박수영, 이화진 등 5편이며, 사회적 맥락은 박종필 1편이다.

4. 2000년대 연구사 검토

2000년대 이매방류 살풀이춤을 주제로 다룬 학술지 논문은 24편이고, 단행본은 6편 조사되었다. 학위논문은 21편이다. 이장에서는 학술지논문, 단행본, 학위논문 목록을 제시하고 내용을 요약한 후, 총론에서 4가지 분석 틀을 적용하여 역사적, 사회적, 현장적, 예술적 맥락을 파악하고자 한다.

1) 학술지논문 및 단행본

01. 유학자, 「살풀이춤의 미적 특징」, 2001.
02. 김윤희 · 신현균, 「살풀이 춤 체험의 해석학적 현상학 연구」, 2002.
03. 오숙례, 「살풀이 춤 수행이 어깨결림 완화에 미치는 효과분석」, 2002.
04. 이미영, 「살풀이춤을 이용한 무용창작 연구」, 2002.

05. 김말복 · 김명숙 · 이매방, 「증언으로 듣는 한국 근 현대무용사 : 우리 춤은 자연이다」, 2004.
06. 고경희 · 안용규 · 이정자, 「살풀이춤의 미적 탐색」, 2004.
07. 국승희 · 강지연, 「한영숙류와 이매방류 살풀이춤의 미적 특성 비교」, 2004.
08. 김명숙, 「이매방의 예술세계」, 2004.
09. 이미영, 「이매방 춤 양식 연구 : 입춤, 살풀이춤, 장검무, 승천무를 중심으로」, 2004.
10. 최지원, 「남성 살풀이춤의 미적 특이성 연구 : 호남지방을 중심으로」, 2004.
11. 민영현, 「한국무용 예술의 생명미학에 관하여」, 2005.
12. 김지원, 「살풀이춤의 미적 특질에 관한 화쟁기호학적 연구」, 2006.
13. 이정노, 「살풀이춤의 형성배경에 관한 일고찰」 , 2006.
14. 이화진, 「살풀이춤과 음양오행(陰陽五行) 사상에 관한 연구」, 2007.
15. 강수향, 「영상분석에 기반한 이매방 살풀이춤 춤사위의 연구」, 2008.
16. 김영희, 「[무용(3)] 「살풀이춤」의 근대성」, 2008.
17. 이미희, 「살풀이춤 감성교육 프로그램 모형 설계」, 2008.
18. 차수정, 「한국(韓國)의 문화(文化) : 한국인을 위한 심리치료로서의 전통 무용의 가치」, 2008.
19. 백현순, 「살풀이춤과 한(恨)의 철학적 해석」, 2009.
20. 성기숙, 「호남춤의 명인 이매방 연구」, 2009.
21. 이미영, 「한국 전통춤 "몸체" 특성 연구 : 살풀이춤을 중심으로」, 2009.

22. 이미영, 「기방무용의 특성연구」, 2009.
23. 양종승, 「이매방류 승무, 살풀이춤 구성 및 전승계보 그리고 무형유산으로서의 위상」, 2008.
24. 이미영, 「우봉 이매방 춤 양식적 특성」, 2008.
25. 김말복, 『우리춤』, 이화여대출판부, 2005.
26. 김영희, 『개화기 대중예술의 꽃, 기생』, 민속원, 2006.
27. 김혜정 · 이명진, 『한국무용사의 이해』, 형설출판사, 2003.
28. 정병호, 『한국무용의 미학』, 집문당, 2004.
29. 김영희, 『2005년도 한국 근현대예술사 구술채록연구 시리즈 67; 이매방(李梅芳, 1926-)』, 한국문화예술위원회, 2006.
30. 조선연구회 편저, 『조선미인보감』, 민속원, 2007, 영인본.

01. 유학자의 논문은 살풀이춤 명칭에 관한 어의와 유래를 밝히고, 구조를 호흡과 몸놀림으로 구분해서 논의하였으며 흰옷과 흰수건이 갖는 상징적 의미를 제시한 글이다. 또한, 살풀이춤의 특성으로는 정중동이론과 대삼소삼이론, 음양과 태극, 곡선의 미 등의 특징을 다루면서도 풀고 맺는 춤사위의 다양한 특징에 대해 논한 글이다.

02. 김윤희 · 신현군의 논문은 살풀이춤을 추는 10명의 춤꾼을 선정하여 주체적인 입장에서 춤 체험에 관한 내용을 파악하고, 특징적 요소로서 독특성, 자연발생적 움직임, 자기 확신성 등의 범주를 추출하였다. 세 가지 의미 범주로서 시간성, 신체성, 공간성의 측면에서 해석을 시도한 글이다.

03. 오숙례의 논문은 오십견이라 불리는 어깨결림 증상이 살풀

이춤 수행한 결과 완화되는 효과를 입증한 논문이다.

04. 이미영의 논문에서는 이매방류 춤의 특징을 호흡의 원리를 첫박에 들이 쉬고 둘째박에서 내쉬면서 목과 허리, 등과 단전을 활용한다는 점, 사방을 무대로 설정한다는 점, 정중동의 원리, 수건과 시나위 음악에 깃든 한의 정서를 꼽았고, 살풀이춤의 춤사위로 안무한 창작품 『상생』과 『태』를 분석하였다.

05. 김말복 · 김명숙 · 이매방의 글은 2004년 5월 25이 이화여대에서 김말복, 김명숙 두 명의 저자가 이매방 선생과 나눈 좌담내용을 정리한 글이다. 이 좌담내용에는 계보, 최승희, 대삼소삼에 입각한 음양이론, 정중동이론, 발디딤론, 곡선론, 한성준 선생과 관련한 호남류와 경기류 승무의 차이점, 장단과 춤의 상호성 등에 관한 이야기가 담겨있다.

06. 고경희 · 안용규 · 이정자의 논문은 살풀이춤의 원리를 이루는 삼재사상, 음양사상 등 동양철학의 이론을 적용하고, 미적 특징으로서 자연미, 우아미, 절제미, 교태미 등을 거론한 글이다. 삼재사상에는 맺고 어르고 푸는 3요소, 삼진삼퇴의 보법, 대삼소삼의 형식이 포함되고, 음양사상에는 곡선의 흐름, 태극, 원형의 발디딤 등이 해당한다고 보았다.

07. 국승희 · 강지연의 글은 살풀이춤의 미적 요소를 멋의 미, 표현미, 형식미, 역동성, 동선미로 구분하여 쓴 논문이다. 특히 이 글에서 한영숙류와 이매방류 살풀이춤을 비교하면서 이매방의 춤이 남성적 비장미에 여성적 우아함과 유연하고 다양한 춤세계를 형성하고 있음을 밝혔다.

08. 김명숙은 이매방의 생애를 다루고, 주요 작품과 춤의 특징

에 대해 밝혔다. 저자는 살풀이춤에 대한 4가지 특징을 정중동, 대삼소삼, 양우선, 비정비팔로 제시했으며, 디딤, 비디듬, 좌우걸이, 완자걸이, 잉어걸이 등의 하체중심의 발동작과 상오리, 앙가랑, 왁대, 지숫기 등의 상체중심 동작으로 구분했다. 마지막으로는 이매방의 예술세계를 자연미, 감정표현, 호남춤의 맥락, 소도구 손수 제작 등으로 조명한 바 있다.

09. 이미영의 이글에서는 이매방의 춤을 전통무용의 전형을 이룩한 계기가 되는 창작춤으로 규정하였으며, 살풀이춤의 특징을 정중동 흐름에 의한 호흡, 대삼소삼의 강약, 맺고 풀어지는 호흡이라고 보았다. 또한, 첫박에 들이쉬고 동작을 끌어올리는 특징이 있고, 사방 무대의 공간적 개념, 수건과 A-B-A 구성의 음악에 특징이 있음도 밝혔다.

10. 최지원의 논문은 살풀이춤의 유래, 호남지역의 살풀이춤의 특징을 밝히고, 남성 살풀이춤의 형태를 분석하면서 이매방 살풀이 춤사위 용어, 무복의 특징, 반주음악에 대해 논하고 최선 살풀이춤에 대해서도 설명하였다. 그리고 미적 특이성으로는 '고움'이라는 개념을 사용하였고, 특히, 이매방류 살풀이춤에 대해 기방예술의 산물이며, 사방으로 몸을 움직여 대삼과 소삼을 갖춘 여성스러운 동작으로 엿이 뿌려진 듯한 무거운 춤임을 밝혔다.

11. 민영현의 논문은 무속의 역사를 통해 살풀이춤의 형성배경과 특징을 밝히려는 글이다. 이글에서는 살풀이춤이 교방춤과 무속춤의 경계에 놓여 있는 지점에서 생성되었음을 밝혔다. 즉, 저자는 살풀이춤의 의식적 기능이 제거되고 예술적으로 무대화되어 현재의 살풀이춤으로 전승되었음을 논하였다. 또한, 그는 살풀이

춤이 현세와 내세를 혼합, 신명과 신관과 연관, 슬픔에서 기쁨으로 전환하기 위한 춤임을 밝혔다.

12. 김지원의 글은 살풀이춤의 내적 구조 분석과 사회적 맥락의 이해를 통한 해석을 시도하고자 화쟁기호학을 적용하여 미적 특징과 의미체계를 분석한 글이다. 저자는 정반합의 3원 구조를 정-한-신명과 연결시켰으며, 한(여한)과 원(바람)이 일원적으로 통일되어 합을 이루는 원리가 살풀이춤에 내재해있음을 통찰하였다.

13. 이정노의 논문은 살풀이춤이 무속에서 연유한 것으로, 무부의 가창 문화로부터 연유한 판소리와 산조, 시나위 연주 등과 함께 태동하였음을 밝힌 글이다.

14. 이화진의 글은 살풀이춤의 원리를 음양오행 사상과 연결해 적극적인 해석을 시도한 글이다. 특히 살풀이춤의 유래, 미적 특징, 호흡의 원리를 설명한 후, 음양과 오행의 원리를 제시하여 살풀이춤의 미학적 특징과 관련된 측면을 부각시키고자 시도하였다.

15. 강수향의 글은 이매방 살풀이춤에 대해 정성적 분석을 통해 8가지 몸통 방향을 측정하거나 정중동의 경향을 분석하였고, 정량적 분석을 통해 속도와 움직임을 분석한 논문이다. 결과적으로는 정중동의 비율이 정 29%, 중 27%, 동 44%로 측정되었다.

16. 김영희의 논문에서는 2008년 6월 18일부터 같은 해 7월 10일까지 전시된 국립민속박물관 박민일 기증 특별전에서 선보인 『기생 100년 엽서 속의 기생읽기』에 포함된 '선중의 무도와 주악(선중의 무도와 주악, DANCING IN SHIP)'이라는 사진을 싣고 있다. 저자는 이 사진에 표기된 1907년 크리스마스 사인sign이 있는 것으로 보아, 1907년 제작되었을 것으로 추정하였다.

17. 이미희의 논문은 살풀이춤의 포함된 한과 신명, 호흡 등의 내적 구조를 교육 프로그램화한 글이다. 저자는 1단계의 한, 2단계의 한풀이, 3단계의 신명, 4단계의 멋이라는 단계별 구조를 설정하여 살풀이춤의 구조에 적용하였다.

18. 차수정의 글은 살풀이춤의 원리에 내재해있는 한과 풀이의 관계를 심리치료와 무용치료의 관점에서 적극적으로 해석하여 춤 동작과 그 효과로서 일어나는 치료적 개념을 밝히려는 글이다.

19. 백현순의 글에서는 살풀이춤의 한에 대한 개념을 철학적으로 발전시켜서 염원이나 소망, 또는 '삭임'으로 해석하며, 그 속성 안에 진취적이고 미래를 향한 염원이라는 긍정성을 끌어내고자 시도한 글이다.

20. 성기숙의 논문은 이매방에 관한 생애사와 작품활동에 대해 무용사적 의의를 조명한 글로서, 전통춤 명작의 레퍼토리화, 호남춤을 무대로 수용한 점을 그 사례로 들었다.

21. 이미영의 글에서는 한영숙, 이매방, 김수악, 김숙자의 살풀이춤을 대상으로 호흡법과 움직임의 원리를 분석하였다. 특히 이매방 춤의 특성으로 춤의 주체와 행위의 미분리, 보법, 항문 호흡법, 비애미의 그늘론 등을 특징으로 제시하였다.

22. 이미영의 논문에서는 기방무용의 특성을 기법의 체계화, 공연환경의 변화, 미의식 확립, 대중성 확보라는 주제에 맞춰 논의하였다. 그 결과, 이매방춤의 특성을 비대칭의 곡선양우선, 중심이동, 무거운 발걸음에 따른 고개짓이라고 개념을 제시하고, 기방무용의 특성이 반영되었음을 논하였다. 또한, 저자는 기방무용의 특성을 교태미, 풍류미, 양식미, 즉흥미로 규정하고 이매방 역시

대중성을 확보하기 위해 작품을 창작해나갔음을 논하였다.

23. 양종승의 논문에서는 이매방류 승무와 살풀이에 대한 춤 구성을 밝히고, 춤사위의 용어, 전승계보를 제시하였다. 이글에서는 국내에서 실시된 문화재보호법과 국제기구인 UNESCO의 세계무형문화유산 지정에 관한 사항을 언급하면서 이매방류 전통춤의 가치가 국내와 국제적인 문화콘텐츠로서 부각되기 위해서는 다양한 방식의 디지털 시청각 자료로 기록되어 체계적으로 아카이빙archiving화 되어져야함을 제시하였다.

24. 이미영의 글에서는 이매방의 춤 가운데 승무, 살풀이춤, 입춤, 검무의 연원을 살피고, 이 춤들의 양식적 특징을 제시하였다. 특히 승무는 중용에 의한 느림의 미학, 제의성과 윤회 사상, 춤동작에 내포된 음양의 미라는 측면에서 특징을 조명하였고, 살풀이춤은 정중동 흐름에 의한 호흡 특징, 사방 무대의 공간적 개념, 살풀이 수건과 음악에 깃든 한풀이춤이라는 주제로 그 특징을 설명하였다. 저자는 이글에서 호흡을 첫 박에 들어 올리는 경우와 2박과 3박에 끌어올리는 경우, 그리고 호흡을 강이나 약으로 떨어뜨리는 경우 등 세 가지 양상으로 움직임을 호흡에 따라 분석하기도 하였다.

25. 김말복의 책에서는 살풀이의 어원을 무속에서 나온 말이고, 살풀이춤을 나쁜 기운이나 악귀, 또는 살을 없애기 위해 추는 춤이라고 보았다. 남도 지방의 무당춤인 무무巫舞에서 파생된 춤이며, 굿판에서 즉흥적으로 추는 허튼춤으로 보았다. 평상복 차림에 긴 명주 수건을 뿌리며 공간 사이로 움직이고 내적인 정서로서 한을 푸는 춤으로 보았다.

26. 김영희는 "1900년대부터 1918년에 『조선미인보감』이 나오기 전까지, 〈살풀이춤〉은 없었다"고 하면서 〈남중속무南中俗舞(살푸리춤)〉를 전라남도 함평군 기생이었던 김옥래金玉來(당시 19세)와 이명화李明花(당시 13세)가 추었던 춤이라고 밝혔다.[13] 1938년 5월 2일 부민관에서 열린 한성준의 조선무용연구소 공연프로그램에서 〈살풀이춤〉이 등장하고 있으며,[14] 김천홍 구술에서도 한성준이 오늘날과 같은 형식의 〈살풀이춤〉을 무대화했음을 밝혔다.[15]

27. 김혜정 · 이명진의 책에서는 살풀이춤의 유래가 무속에서 유래했음을 밝히고, 오늘날 춤 형식을 갖춘 것은 한성준이 1934년 세운 우리나라 최초의 무용사설 강습소 조선무용연구소에서 비롯됐음을 피력하였다. 특히 저자는 수건의 떨어짐과 들어올림에 관해서 슬픔과 환희를 표현하고 있음을 제시하면서 정중동의 요소가 시나위 음악의 맺음과 풀어냄의 순환 속에서 정과 환희를 나타낸다고 보았다.[16]

28. 정병호는 6장 한국무용의 미의식으로 풍류 사상의 미의식, 멋의 미의식, 눈물과 웃음의 미의식, 백의 민족성에서 나온 미의식, 원과 태극에 대한 미의식으로 규정하였고, 미적 유형으로는 소박한 자연미, 멋의 미, 원과 곡선의 미, 해학과 풍자의 미, 맺고

13) 조선연구회 편, 『조선미인보감』(1918), 민속원 영인본, 1984, 62쪽 · 82쪽; 김영희, 『개화기 대중예술의 꽃, 기생』, 138쪽에서 재인용.

14) 『조선일보』, 1938.4.23.; 김영희, 『개화기 대중예술의 꽃, 기생』, 140-141쪽에서 재인용.

15) 김천홍 구술 김영희 채록연구, 『한국근현대예술사 구술채록연구시리즈 5 김천홍』, 한국문예진흥원, 2004, 141-142쪽; 김영희, 『개화기 대중예술의 꽃, 기생』, 141쪽에서 재인용.

16) 김혜정 · 이명진, 『한국무용사의 이해』, 형설출판사, 2003, 142쪽.

룸의 역동미, 여백의 미를 제시하였다. 이 중에서 살풀이춤과 관련된 것은 백의민족성에서 나온 미의식이고, 원과 곡선의 미이다. 특히 저자는 원과 곡선의 미에 관한 사례로서, 살풀이춤의 수건돌리기에 나타나는 형태를 그림으로 제시하였다. 9가지 형태로는 오른쪽 옆으로 원그리기, 오른쪽 옆으로 돌려 왼쪽 어깨로 메기, 위로 뿌려 흔들어 내리기, 몸 앞에서 8자로 돌리기, 오른쪽으로 돌려 왼쪽 위로 올려 돌리기, 옆으로 돌리기, 오른쪽으로 폈다가 밑으로 내리기, 몸 앞에서 흔들기, 머리 위로 올려 감았다가 어깨춤 추기 등이다.[17)]

29. 김영희 책은 2005년도 5차에 걸쳐 이매방을 면담하여 얻은 구술채록집으로 성장 과정, 학습 과정, 공연 활동, 추진양성 등에 관련된 내용을 소상히 담고 있다.

30. 조선연구회 편저인 이 책에는 송방송 색인, 이진원 해제가 담겨있다. 이 해제에는 발간 동기, 문화사적 의의, 서술 방식, 예기들의 공연종목 검토가 담겨있다. 발간 동기는 일제의 풍속교화라는 감시의 대상을 설정한 점에서 찾았고, 문화사적 의의는 상층문화인 악장과 정재의 쇠퇴, 과거와 현재 문화의 접목, 자국문화와 외래문화의 접목, 등 세 가지 점을 들었다. 서술 방식은 사진 옆에 조합별 예기의 원적, 현거주지, 나이, 기예 종목을 적었다. 그 밑으로 한문과 일본어, 한글로 된 글에는 현재의 소감이나 심경 등을 시로 적어놓았다. 대정권번 김옥래와 이명화의 경우, 남중속무(살풀이춤)라는 기록이 나온다.

17) 정병호, 『한국무용의 미학』, 집문당, 2004.

2) 학위논문

01. 김윤희, 「살풀이 춤 체험의 해석학적 현상학 연구」, 2000.
02. 김지영, 「살풀이춤에 나타난 "恨"의 현대적 해석」, 2001.
03. 배숙희, 「살풀이춤의 미적 특성 고찰: 이매방류를 중심으로」, 2001.
04. 이선아, 「한국 전통춤에 나타난 호흡에 관한 연구 : 살풀이춤을 중심으로」, 2001.
05. 장인숙, 「살풀이춤의 流派別 춤사위 比較 硏究」, 2001.
06. 김유진, 「살풀이춤의 변천과정에 관한 연구」, 2002.
07. 송지영, 「살풀이 춤의 미적 특질에 관한 연구」, 2002.
08. 이명선, 「전통무용에 나타난 기방무용에 관한 연구」, 2002.
09. 박미라, 「살풀이춤의 미학적 특징 연구」, 2003.
10. 박성호, 「살풀이춤의 디딤새와판소리의 붙임새 비교연구」, 2003.
11. 오현주, 「살풀이춤 지도법에 관한 사례연구」, 2003.
12. 유준, 「근 · 현대 한국무용 발전에 영향을 끼친 남성무용가에 관한 연구」, 2003.
13. 윤여진, 「살풀이 춤의 디딤새에 관한 연구 : 한영숙류와 이매방류를 중심으로」, 2003.
14. 하수연, 「한영숙류와 이매방류 살풀이춤의 춤사위 용어와 호흡 비교」, 2003.
15. 홍은주, 「한영숙, 이매방 살풀이춤의 비교 분석 : 춤사위와 동작소를 중심으로」, 2003.
16. 강지연, 「한영숙류와 이매방류 살풀이춤의 미적 특성 비교」, 2005.
17. 박지영, 「김숙자류 도살풀이춤과 이매방류 살풀이춤의 비교 고

찰」, 2007.

18. 강수향, 「영상분석에 기반한 이매방 살풀이춤 춤사위의 연구」, 2008.

19. 김지원, 「이매방류 민속춤에 표현된 복식의 조형성」, 2009.

20. 한승연, 「플라톤 관점으로 본 살풀이춤의 미학적 분석」, 2009.

01. 김윤희의 논문은 살풀이 춤꾼의 주체적인 입장에서 춤 체험에 관한 글이며, 해석학적 측면에서 시간성, 신체성, 공간성의 측면을 다뤘다.

02. 김지영의 논문은 한의 개념을 제시하고 살풀이춤의 어원과 전승 과정, 구조와 상징적 의미를 다루었다. 또한, 한의 개념을 정제된 한, 거친 한, 귀기의 한으로 나누어 이매방 살풀이춤이 거친 한을 표현하는 춤이고 한풀이로서 살풀이춤의 현대적 의미를 '화해와 조화의 정신', '공동체 문화의 회복'으로 제시하였다.

03. 배숙희의 논문에서는 이매방류 살풀이의 구성요소로서 반주음악, 무복, 춤사위로 제시하였다. 춤사위의 종류에는 짓음세, 안가랑, 양우선, 외사위, 맺는 사위, 꼬리치기 사위, 평체, 사체, 앞으로 뿌리는 사위, 걸치기, 학체, 완자걸이, 좌우걸이, 비디딤, 까치걸음, 잉어걸이 등으로 보고, 이를 설명하면서 그림이나 사진을 곁들였다. 또한, 이글에서는 이매방류 살풀이 전승계보를 밝히고, 미학적 특징을 밝혔다.

04. 이선아의 논문은 일반적 의미에서 살풀이춤의 호흡에 관하여 동양의학과 현대의학의 관점에서 조명하고 호흡과 움직임, 호흡과 정신의 측면에서 살풀이춤 호흡의 중요성을 드러내기 위한

글이다.

06. 김유진의 글은 살풀이춤의 개념으로서 어원과 발생, 특성을 밝히고, 살풀이춤의 구조와 형식, 유형을 제시하였으며, 변천과정을 삼한시대, 삼국시대, 고려시대, 조선시대, 근대로 구분하여 논하였다.

07. 송지영의 논문에서는 이매방 살풀이춤의 생성배경과 변화양상, 춤사위를 설명하고, 외면적 구조와 내면적 구조로 나누어 상징적 의미를 제시하였다. 그리고 춤의 미적 특징을 정서적 측면과 지역적 측면, 형태적 측면으로 고찰하였다.

08. 이명선의 논문에서는 기녀에 관한 역사적 배경을 다루고 교방 소속의 기녀에 대한 논의를 다뤘다. 그는 기녀의 분류, 역할을 제시하고, 기방무용의 무대로서 협률사, 원각사, 광무대를 소개하였으며 기방예술 무용의 내용으로 살풀이춤, 승무, 태평무, 한량무 등을 설명하였다.

09. 박미라의 논문에서는 이매방류 살풀이춤을 강한 손목놀림으로 고도의 기교를 요하는 동작이라고 하면서, 남성적 비장미와 여성적인 교태로움을 신명으로 승화시킨 춤으로 보았다.

10. 박성호의 논문에서는 판소리와 관계된 장단 용어로서, 붙임새, 대마디대장단, 엇붙임, 잉아걸이, 괴대죽, 완자걸이, 도섭 등과 이매방류 살풀이춤 디딤새의 용어인 디딤, 비디딤, 비정비팔, 엇붙임, 까치걸음, 자즌걸음, 좌우걸이, 잉아걸이, 완자걸이 등을 설명하였다. 특히 그는 대마디대장단과 디딤, 엇붙임, 잉아걸이, 완자걸이에 국한해서 판소리의 박자와 살풀이춤의 발디딤을 비교하였다.

11. 오현주의 논문에서는 이매방류 살풀이춤의 기법을 팔사위, 발사위, 장단과 몸사위로 나누어 지도방법의 측면에서 방법론을 제시한 글이다.

12. 유준의 글은 근현대 전통민속무용가로서 이매방의 생애와 예술활동, 업적, 예술적 가치에 대해 조명한 글이다.

13. 윤여진의 글은 한영숙과 이매방 살풀이춤의 디딤새를 비교 분석하여, 회전, 까치체, 발을 든다, 내딛는다, 딛는다, 선자세 등을 그래프로 제시한 논문이다.

14. 하수연의 논문에서는 이매방류 살풀이춤의 장단별 춤사위를 분석함에 있어서 팔과 발동작, 그리고 호흡에 대하여 한영숙류와 비교하였다. 호흡은 들숨과 날숨, 또는 맺음의 상태 등 3단계로 구별하였다. 특히, 저자는 한영숙류 호흡은 1박에 푸는 대신, 이매방류 호흡은 1박에 맺어주는 동작이 많다는 점을 밝혔다. 이 글에서 팔사위의 명칭을 평사위, 팔내리기, 팔 일자펴는 사위, 비스듬이 펴는 사위, 짓음새, 여미는 사위, 여며채기, 엎는 사위, 훑는 사위, 감는 사위, 머릿사위, 겨드랑이 사위, 모으는 사위, 고 만들기, 고 만들어 뿌리는 사위, 감아서 채는 사위, 엎어 뿌리는 사위, 목놀이사위, 몸 돌리기, 뒤로 회무, 앞·뒤로 회무, 수건 던져 뿌림, 수건 뒤로 젖혀 뿌리는 사위, 수건 들어올리는 사위, 수건을 앞으로 뿌리는 사위, 수건 쳐 올림사위, 수건 휘날리기, 수건돌리기 사위, 꼬리치기, 휘젓기, 손목 엎고 재치기, 팔 뒤로 들기, 양우선, 어깨걸이, 걸치기, 안가랑, 외사위, 학채 등으로 구분했다. 발사위의 명칭은 비정비팔, 까치걸음, 잉어걸이, 완자걸이, 비디딤, 뒷걸음 사위, 딛음 사위, 한 발 든 사위, 찍음 사위, 방아 사위,

맺는 사위 등으로 제시했다. 저자는 이러한 춤 용어를 가지고서 이매방 살풀이 장단 151장단, 자진모리 63장단, 뒷 살풀이 10장단마다 팔사위와 발디딤의 사위명을 붙였다. 이러한 분석으로 비교한 결과, 이매방류 살풀이춤은 장단과 장단사이의 디딤세가 많다는 점, 반원이나 태극의 곡선을 많이 사용한다는 점, 대체로 강하고 동적인 춤임을 밝혔다. 마지막으로 이글에서는 장단마다 팔사위, 발사위에 따른 호흡을 4박 한 장단마다 구별해서 분석하였다. 이 분석을 통해 저자는 이매방류 살풀이춤의 호흡은 들숨과 맺음의 호흡이 많았던 반면에 한영숙류 호흡은 날숨이 많았음을 검토하였다. 이 논문에서 가장 핵심은 춤사위 명을 제시하여, 호흡을 들숨과 날숨, 맺음으로 구분하여 4박 한 장단마다 분석한 것이라고 볼 수 있다.

15. 홍은주의 글에서는 정병호, 『한국춤』, 열화당, 1985, 225-228쪽을 근거로 이매방 춤사위를 구분했고, 정병호의 동작소 이론인 평平, 사斜, 거擧, 굴屈, 합合, 확擴, 원圓, 파波, 연連, 회回, 도跳에 따라 춤사위를 분석하였다.

16. 강지연의 논문은 이매방류 살풀춤의 미적 특징을 멋의미, 표현미, 형식미, 역동성, 동선미의 측면에서 논의한 글이다.

17. 박지영의 논문에서는 살풀이춤 비교의 범주로서 음악, 복식, 동작으로 구분했는데, 이매방류 살풀이춤 동작을 설명함에 있어서, 10가지 동작을 선정하였다. 첫박에 호흡을 들어 올리는 사위, 빰을 스치듯 수건을 끌어올리는 사위, 먹는 사위, 수건을 돌려 채 잡는 사위, 수건을 사선위로 올려 가슴으로 끌어오는 사위, 수건을 머리와 어깨 뒤로 매는 사위, 수건을 향해 내려가는 사위,

엎드려 어르는 사위, 양쪽을 자진걸음으로 도는 사위, 마무리 사위 등이 그것이다.

18. 강수향의 논문에서는 정병호와 최창덕의 춤사위 명칭분류에 근거하여, 15가지로 구분하여 사진과 설명을 제시하였다. 걸치기 사위, 지숫는 사위(짓음새), 안가랑 사위(발들기), 휘젓는 사위, 푸는 사위, 비껴든 사위, 수건돌리기 사위, 수건 앞으로 뿌리는 사위, 수건 뒤로 젖혀 뿌리는 사위, 사체, 외사위, 고리채, 모으는 사위, 여며 채기, 수건 쳐올림 사위, 수건 들어 올림 사위, 머리 사위, 끼는 사위 등으로 팔동작을 분석했고, 발동작은 잦은 걸음, 엇박자 걸음사위, 완자걸음, 잉어걸음, 까치걸음, 디딤, 좌우 걸이, 비디딤 등 8가지로 구분했다. 무진법으로는 소림신차의 이론을 적용했다. 이 연구에서는 이매방 살풀이춤의 춤사위 구성을 기초로 정성적 분석을 시도한 후, 김명자의 춤을 가지고 움직임에 관한 데이터를 응용하여 살풀이춤에 대한 정량적인 연구를 시도하였다.

19. 김지원의 논문은 이매방류 살풀이춤의 복식에 대한 논문으로서, 복식의 명칭, 구성요소, 조형성에 대한 내용을 다룬 글이다.

20. 한승연의 논문은 플라톤의 이데아론과 모방론에 착안하여 살풀이춤을 추는 춤꾼의 예술세계나 정신세계와 연결시킨 글이다.

3) 2000년대 연구의 맥락 분석

2000년대 이매방의 살풀이춤을 주제로 한 학술지논문과 단행본은 유학자, 김윤희 · 신현군, 오숙례, 이미영(2002), 김말복 · 김명숙 · 이매방, 고경희 · 안용규 · 이정자, 국승희 · 강지연, 김명숙,

이미영(2004), 최지원, 민영현, 김지원, 이정노, 이화진, 강수향, 김영희(2008), 이미희, 차수정, 백현순, 성기숙, 이미영의 「한국 전통춤 "몸체" 특성 연구」(2009), 이미영의 「기방무용의 특성연구」(2009), 양종승, 이미영(2009), 김말복, 김영희의 『개화기 대중예술의 꽃, 기생』(2006), 김혜정 · 이명진, 정병호, 김영희의 『2005년도 한국근현대예술사 구술채록연구 시리즈 67』(2006), 조선연구회(2007) 등 30편이다.

유학자의 글은 미적 특징과 철학사상을 다루고 있으므로 역사적 맥락, 김윤희 · 신현군은 춤 체험에 관한 주체적인 내용이므로 현장적 맥락, 오숙례는 어깨결림과 관련한 체험에 관한 내용이므로 현장적 맥락으로 볼 수 있다. 이미영(2002)의 논문은 창작에 관한 논문으로 작품 구성에 해당하기에 예술적 맥락, 김말복 · 김명숙 · 이매방의 글은 좌담내용이므로 현장적 맥락, 고경희 · 안용규 · 이정자의 글은 철학사상에 관한 글이기에 역사적 맥락, 국승희 · 강지연, 이미영(2004), 최지원, 민영현, 김지원(2006)의 글은 사적 고찰이나 미적 특징에 관한 내용이기에 역사적 맥락, 김명숙의 논문은 춤 동작과 구성에 관한 내용이 주를 이루기에 예술적 맥락, 이정노는 형성배경이나 유래를 다루고 있고, 이화진은 음양오행 사상과 연결하였으므로 역사적 맥락, 강수향은 움직임 분석을 다루고 있어서 예술적 맥락으로 판단된다. 김영희(2008)은 역사적 맥락, 이미희의 논문은 교육 관련한 체험영역이므로 현장적 맥락, 차수정의 글은 치료적 개념을 밝히고 있으므로 체험과 관련한 현장적 맥락, 백현순은 철학사상을 다루고 있으므로 역사적 개념, 성기숙은 작품활동에 관한 내용이 주를 이루므로 사회적 맥락,

이미영의 「한국 전통춤 "몸체" 특성 연구」는 춤사위 동작과 관련되므로 예술적 맥락, 이미영의 「기방무용의 특성연구」는 미적 특징을 주로 다루고 있으므로 역사적 맥락, 양종승(2008)의 논문은 춤 구성에 관련한 내용이 주를 이루기에 예술적 영역, 이미영(2008)은 미적 특징을 다루었기에 역사적 맥락, 김말복, 김혜정 · 이명진의 책은 어원과 정서, 미적 특징을 언급하는 것으로 보아 역사적 맥락, 김영희의 『개화기 대중예술의 꽃, 기생』(2006) 책은 역사적 맥락, 정병호(2004)의 책은 춤사위에 관한 언급을 주로 다루고 있어서 예술적 맥락으로 판단된다. 김영희, 『2005년도 한국 근현대 예술사 구술채록연구 시리즈』(2006)은 구술을 다뤘으므로 현장적 맥락의 글이고, 조선연구회 편저 『조선미인보감』(2007)은 권번의 예기에 관한 사적 자료를 제공하고 있으므로 역사적 맥락으로 판단된다.

2000년대 학술지와 단행본의 연구 경향으로서, 역사적 맥락은 유학자, 고경희 · 안용규 · 이정자, 국승희 · 강지연, 이미영(2004), 최지원, 민영현, 김지원(2006), 이정노, 이화진, 김영희(2008), 백현순, 이미영의 「기방무용의 특성연구」(2009), 이미영(2008), 김말복, 김혜정 · 이명진, 김영희의 『개화기 대중예술의 꽃, 기생』(2006), 조선연구회 편저 『조선미인보감』(2007) 등 17편이고, 예술적 맥락은 이미영(2002), 김명숙, 강수향, 이미영의 「한국 전통춤 "몸체" 특성 연구」(2009), 양종승(2008), 정병호(2004) 등 6편이다. 현장적 맥락은 김윤희 · 신현군, 오숙례, 김말복 · 김명숙 · 이매방, 이미희, 차수정, 김영희, 『2005년도 한국 근현대예술사 구술채록연구 시리즈』(2006)은 6편이며, 사회적 맥락 성기숙 1편에 불과하다.

학위논문으로는 김윤희의 논문은 체험에 해당하므로 현장적 맥락, 김지영, 배숙희는 한을 해석하거나 미적 특징을 다루었으므로 역사적 맥락, 이선아는 호흡과 관련한 체험영역이기에 현장적 맥락, 장인숙은 춤사위를 비교하였기에 예술적 맥락, 김유진은 변천과정을 사적으로 고찰하였기에 역사적 맥락, 송지영은 생성배경이나 내적 구조, 미적 특성을 주로 다루었기에 역사적 맥락, 이명선은 역사적 배경을 다루었으므로 역사적 맥락, 박미라는 춤사위를 주로 다룬 것으로 보아 예술적 맥락, 박성호는 음악과 춤을 연결지었으므로 예술적 맥락, 오현주, 윤여진은 춤사위의 기법을 다루었기에 예술적 맥락, 유준은 예술 활동과 업적, 예술적 가치에 관점을 두었으므로 사회적 맥락, 하수연, 홍은주는 춤사위에 중심을 두었기에 예술적 맥락, 강지연은 미적 특성에 관점을 두어 역사적 맥락, 박지영, 강수향은 춤동작에 치중하여 예술적 맥락, 김지원은 복식에 관계되므로 예술적 맥락, 한승연은 철학사상과 관련되어 역사적 맥락으로 구분할 수 있다.

2000년대 학위논문의 연구 경향은 역사적 맥락을 다룬 논문이 김지영, 배숙희, 김유진, 송지영, 이명선, 강지연, 한승연 등 모두 7편이고, 현장적 맥락은 김윤희, 이선아, 2편이다. 예술적 맥락은 장인숙, 박미라, 박성호, 오현주, 윤여진, 하수연, 홍은주, 박지영, 강수향, 김지원 등 모두 10편이며, 사회적 맥락은 유준 1편이다.

2000년대 학술지 연구 경향은 역사적 맥락 17편 〉 예술적 맥락 6편 〉 현장적 맥락 6편 〉 사회적 맥락 1편의 순이고, 학위논문의 연구 경향은 예술적 맥락 10편 〉 역사적 맥락 7편 〉 현장적 맥락 2편 〉 사회적 맥락 1편의 순이다. 이 시기 학술지와 단행본의 연구 경향은 역사적 맥락이 17편으로 단연 높았고, 학위논문의 연구 경향은 예술적 맥락이 10편으로 가장 높은 비중을 보였다.

5. 2010년대 연구사 검토

2010년대 이매방류 살풀이춤을 주제로 다룬 학술지논문 12편과 단행본은 3편이고, 학위논문은 12편에 이른다. 이러한 선행연구의 자료를 열거하고 그 내용을 파악한 후, 연구 경향을 파악하고자 한다.

1) 학술지논문 및 단행본

01. 백경우, 「춤과 장단의 음양적 상관성 연구 : 이매방 춤의 대삼소삼(大衫小衫)을 중심으로」, 2010.
02. 이유진, 「살풀이춤에 내재된 생태적 의미 고찰」, 2010.
03. 홍경아, 「한영숙과 이매방 류 발 디딤의 운동역학적 특성비교 분석 : 까치걸음과 비디딤을 중심으로」, 2010.
04. 김종덕 · 김운미, 「시간의 네 가지 속성(窮 · 變 · 通 · 久)으로 본 살풀이춤의 구조분석」, 2011.
05. 김지원, 「호남춤의 예맥(藝脈), 전통춤의 전승에 관한 논의 : 한진옥과 이매방을 통해서」, 2011.
06. 송미숙, 「류파별 살풀이춤을 통해 본 한국춤의 미(美)」, 2011.
07. 정다운 · 김승철, 「살풀이춤이 갖는 성격 이미지 탐색」, 2011.

08. 정성숙, 「이매방 춤에 나타난 기방계통적 특징 고찰」, 2011.
09. 문철영 · 황인규 · 채향순, 「동아시아 현대사 속의 매란방과 최승희, 그리고 호남예술의 진수 이매방」, 2012.
10. 양종승, 「무속의례에서 무용예술로의 전이양상」, 2012.
11. 정예희, 「이매방 살풀이춤[중요무형문화재 제 97호] 복식 연구」, 2013.
12. 김종덕, 「역사상(易思想)을 통해서 본 호흡과 대삼소삼(大衫小衫)의 연관성 연구」, 2014.
13. 문철영, 「인간 이매방과 그의 춤」, 2015.
14. 이병옥 · 김영란, 『국무 · 우봉 이매방』, 우봉이매방춤보존회, 2011.
15. 문철영, 『하늘이 내린 춤꾼 이매방 평전』, 새문사, 2015.

01. 백경우의 논문에서는 음양론을 춤과 장단에 적용하여 그 양상을 밝히고, 춤과 장단의 상호 관계성에 대해서도 음양론적으로 해석한 글이다.

02. 이유진의 논문은 살풀이춤의 어의를 생태적으로 해석하고 살풀이 음악과 춤사위, 호흡에 내재한 원리에 반영된 생태적 원리를 조명한 글이다.

03. 홍경아의 글은 한영숙류와 이매방류 발디딤의 운동역학적 특성을 측정하여 이매방류가 두 번째 디딤 발에서 생기는 굴신에 의해 동작의 특징이 드러남을 밝힌 글이다.

04. 김종덕 · 김운미의 글은 살풀이춤의 구조가 궁窮, 변變, 통通, 구久의 네 가지 과정으로 진행됨을 사상적 개념을 통해 밝힌 논문이다. 궁은 움직임이 거의 없는 상태, 변은 동작의 변화가 많

지 않은 상태, 통은 잉어걸이, 완자걸이, 까치걸음 등의 발놀음과 활사위, 학사위, 용꼬리 사위, 쌍사위 등 팔놀음이 활발한 상태, 구는 처음으로 돌아간 상태를 뜻한다고 보았다.

05. 김지원의 논문은 호남춤의 명인 한진옥, 이매방의 생애와 춤을 조명하고, 지역성에 착안하여 정통적인 측면, 원형성의 동질성과 변조성, 다양성에 대해 논의한 글이다. 이글을 통해 저자는 지역성에 입각한 측면에서 두 명인의 위치와 예술세계를 정립해야할 필요성에 대해 궁구하였다.

06. 송미숙은 경기의 한영숙류, 호남의 이매방류, 안성의 유청자류의 살풀이춤에 대해 조명하기 위해 살풀이춤의 기원과 형성, 전승계보, 음악과 무복의 구성, 미적 특징에 대해 논하였다.

07. 정다운 · 김승철의 글은 살풀이춤이 언어적으로 연상시키는 성격과 이미지를 탐색하기 위해 용어를 선별하고 분석한 논문이다. 이를 통해 이글에서는 냉정성, 섬세성, 정열성, 침착성, 견실성, 대범성, 유연성, 강정성, 정확성, 통제성 등의 정서적 특성의 요인을 상위범주로 추출하였다.

08. 정성숙의 논문에서는 이매방춤을 기방계통으로 규정하고 특징을 고찰하기 위해 권번, 여성화, 기방의 전통, 춤기법, 미의식으로 구분하여 논의하였다.

09. 문철영 · 황인규 · 채향순의 논문은 이매방의 생애사에서 중요한 인물로 부각된 매란방과 이매방 이전 시대 매란방과 관련된 최승희, 그리고 매란방과 최승희를 거친 이매방의 춤 세계를 상호 관련된 측면에서 조명한 글이다.

10. 양종승의 논문은 살풀이춤과 무당춤에 대한 어원을 고찰하

고, 예술형식과 가치를 찾는 데 목적을 둔 글이다. 특히 살풀이춤에 대해서 저자는 살煞을 해로운 기운으로 정의하고 이를 없애는 무속적 춤에서 나왔다고 보았으며, 종교적인 성격을 벗어나서 무용 예술로서 춤꾼의 정서나 감정의 맺힌 것을 풀어내어 해방을 가져오는 춤으로 해석하였다. 또한, 저자는 이글에서 살풀이춤의 반주음악인 시나위에 대해 유래와 명칭, 또는 담당자인 재인才人에 대해 밝히고, 춤사위의 특징을 발디딤새와 손놀림새, 그리고 몸놀림새로 나누어 설명하였다.

11. 정예희의 논문은 이매방의 살풀이의 무동복을 실측하고 변천과정을 밝혀 오늘날 무대 의상으로 변화된 경위를 밝힌 논문이다. 이글에서 다룬 대상은 무동복식의 바지와 저고리, 조바위 등의 장신구 등이 포함되었다.

12. 김종덕의 논문은 동양철학의 음양론에 입각해서 호흡과 대삼소삼의 원리를 설명한 글이다.

13. 문철영의 논문은 이매방의 춤세계를 탐미주의자이며, 완벽주의자라는 틀에서 바라본 논문이다.

14. 이병옥 · 김영란의 책은 이매방의 춤과 인생을 총 망라해서 보여주려는 의도로 집필된 화보집이다. 이 책에는 축사와 논문, 연보 및 계보, 사진자료와 기타 자료가 수록되어 있다. 구성으로는 춤 생애, 춤 종류와 형식 및 가치, 가족사, 지인과의 만남 등이 다뤄져 있다.

15. 문철영의 책은 이매방의 일대기를 평전이다. 이 책은 이매방의 구술내용이 많이 첨가되고, 객관적인 정황과 작가의 낭만적 감성을 포함하고 있는 인물사나 생애사라고 말할 수 있다.

2) 학위논문

01. 강범, 「한국살풀이춤과 중국 조선족살풀이춤에 관한 연구」, 2011.
02. 김지혜, 「살풀이춤의 위상에 관한 일 고찰 : 사회적 과정을 中心으로」, 2011.
03. 백경우, 「이매방(李梅芳)춤의 양식적 특성으로 본 역학(易學)적 분석」, 2011.
04. 노혜경, 「라반의 움직임분석을 통한 살풀이춤에 관한 연구」, 2011.
05. 정다운, 「살풀이춤에 내재된 표현정서와 체험정서의 구조」, 2012.
06. 김종덕, 「대대적 관계(待對的 關係)와 순환성(循環性)으로 본 이배방 살풀이춤 연구」, 2013.
07. 정지윤, 「살풀이춤에 내재된 민족정서와 실체비교를 통한 전승가치 인식에 관한 연구」, 2013.
08. 조소영, 「권번 기생의 운영 활동과 무용 활동 변천 과정 연구」, 2013.
09. 우한웅, 「중년여성의 요실금 완화를 위한 이매방류 살풀이춤 교육프로그램 연구」, 2014.
10. 이효수, 「이매방 강선영 류파별 춤을 통해 본 한국 전통춤의 발전적 보존 방안」, 2014.
11. 정영수, 「이매방류 살풀이춤의 보존 · 전승을 위한 무형문화재적 가치 연구」, 2016.
12. 이정미, 「살풀이춤과 플라멩코의 비교 문화론적 연구」, 2017.

01. 강범의 논문은 중국 조선족 살풀이춤의 형성과 특징을 한

국의 살풀이춤과 비교한 논문으로서, 심미적 관점에서 리듬감, 통제감, 기복감 등의 미적 특징을 공통적인 요소로 지적하였다.

02. 김지혜의 논문은 신문기사와 다양한 매체의 자료를 통해 살풀이춤에 관한 사회적 위상을 고찰한 글이다. 특히 이글에는 1960년대 이전과 60년대 이후부터 1990년대 이전, 90년대부터 2010년까지로 나누어 살풀이춤의 문헌기록, 춤의 계보, 연행장소나 관객의 반응 등의 주제에 입각하여 살풀이춤을 다루고 있다.

03. 백경우의 논문은 주역의 태극, 음양, 삼재 사상에 입각해서 이매방류 살풀이춤의 원리를 조명한 글이다. 춤사위에서 상체사위와 하체사위, 들숨과 날숨의 원리가 음양의 구조를 이루고 있으며, 굴신과 호흡의 관계, 대삼소삼의 원리 등에서 역학적 원리가 숨어있음을 밝힌 글이다.

04. 노혜경의 논문은 이매방 살풀이춤에 대한 분석을 위해 라반의 이론을 적용하여 신체, 에포트Effort, 공간, 형태 등 4가지 양식에 따라 기술한 글이다. 신체는 움직임의 출발점을 나타내며, 에포트는 어떻게 움직이는가의 문제이며, 공간은 어디로 움직이는가에 초점을 맞춘 것이고, 형태는 수건과 관련된 움직임에 대한 것이다.

05. 정다운의 논문은 무용 정서를 어떻게 개념화하는가의 문제에 직면해서, 무용수의 입장에서 표현하면서 갖는 정서 개념과 관객 입장에서 체험을 통해 얻은 정서 개념 간의 일치와 불일치, 상호 성격의 이해를 위해 논의를 펼친 글이다.

06. 김종덕의 논문은 주역의 원리로 제시한 대대의 원리와 순환의 원리를 춤사위에 착안하여 적용한 논문이다.

07. 정지윤의 논문은 살풀이춤의 안무 구성에 대해 음양오행의 동양철학과 관련되었음을 밝히고, 이 춤 안에 전통의 민족문화 사상이 담긴 문화유산으로서 가치를 갖고 있음을 밝혔다.

08. 조소영의 논문은 한성권번, 광주권번, 동래권번, 평양기성권번의 기생의 현황과 교육내용, 또는 활동의 변천과정을 정리하여 살풀이춤 종목이 출현하는 양상을 담아낸 글이다.

09. 우한웅의 논문은 이매방류 살풀이춤의 교육프로그램이 이 춤을 체험한 요실금 환자에게 미친 영향을 측정하여 그 효과를 기술한 글이다.

10. 이효수의 논문은 유파별 전통춤의 콘텐츠 개발과 아카이빙화가 요구됨을 제안하는 논문이다.

11. 정영수의 논문은 이매방류 살풀이춤의 공연기획을 통한 홍보와 마케팅, 예산 운영 및 평가에 관한 실질적 사례를 제시한 논문이다.

12. 이정미의 논문은 살풀이춤과 플라멩코의 춤이 한과 신명을 동기로 하는 측면에서 유사함을 보인다는 데 착안하여 보존과 재창조의 관점에서 논의를 담고 있는 글이다.

3) 2010년대 연구의 맥락 분석

2010년대 학술지논문의 연구자는 백경우(2010), 이유진, 홍경아, 김종덕 · 김운미, 김지원, 송미숙, 정다운 · 김승철, 정성숙, 문철영 · 황인규 · 채향순, 정예희, 김종덕(2014), 문철영 등이다. 백경우(2010)은 음양론을 제시하고 춤과 장단의 실제와 연계성을 다뤘으므로 예술적 맥락, 이유진은 자연관과 생명관을 담은 생태성의 사상적 배경을 둔 글이기에 역사적 맥락으로 볼 수 있다. 홍경아는 춤사위중 발디딤에 관한 분석이므로 예술적 맥락, 김종덕 · 김운미의 글은 사상과 원리를 다뤘으므로 역사적 맥락, 김지원(2011)은 지역과 활동을 다뤘으므로 사회적 맥락, 송미숙은 살풀이춤의 유래와 미적 특징에 치중했기에 역사적 맥락이다. 정다운 · 김승철의 연구는 춤 체험과 관련한 언어의 영역이므로 현장적 맥락이고, 정성숙의 연구는 기방에 관한특징을 다루면서 미적 특징을 주로 언급하기에 역사적 맥락을 볼 수 있다. 문철영 · 황인규 · 채향순의 글은 이매방의 생애사에 관련한 내용이기에 사회적 맥락, 양종승(2012) 논문은 어원과 사상을 다룬 글로서 역사적 맥락, 정예희의 논문은 무대의사에 관련한 논문이기에 예술적 맥락, 김종덕(2014)의 글은 동양철학과 관련되어 춤의 원리를 설명했으므로 역사적 맥락, 문철영(2015)의 논문은 탐미적이고 완벽주의자로서 이매방의 미적 영역을 다뤘으므로 역사적 맥락, 이병옥 · 김영란, 문철영(평전, 2015)의 책은 사진과 함께 인물사를 다루고 있으므로 역사적 맥락의 책이라고 말할 수 있다.

2010년대 학술지논문의 연구 경향은 역사적 맥락에 해당하는 글이 이유진, 김종덕 · 김운미, 송미숙, 정성숙, 김종덕(2014), 양종승(2012), 문철영(2015), 이병옥 · 김영란, 문철영(평전, 2015) 등 모두 8편이고, 예술적 맥락의 논문은 백경우(2010), 홍경아, 정예희 등 3편이다. 사회적 맥락의 글은 김지원(2011), 문철영 · 황인규 · 채향순 등 2편이며, 현장적 맥락은 정다운 · 김승철(2011) 공동저자로 1편이다.

학위논문으로는 강범, 김지혜, 백경우(2011), 노혜경, 정다운, 김종덕(2013), 정지윤, 조소영, 우한웅, 이효수, 정영수, 이정미 등의 저자가 있다. 강범은 심미적 관점에서 미적 특징을 다뤄서 역사적 맥락, 김지혜는 살풀이춤의 사회적 위상을 다뤄서 사회적 맥락이라고 볼 수 있다. 백경우(2011)의 논문은 주역 사상으로 춤의 원리를 파악했으므로 역사적 맥락, 노혜경은 춤사위를 분석했기에 예술적 맥락, 정다운은 춤 체험 영역이므로 현장적 맥락, 김종덕(2013)의 논문은 주역의 대대와 순환원리를 춤사위를 설명했으므로 역사적 맥락으로 볼 수 있다. 정지윤은 음양오행을 다뤘기에 역사적 맥락으로 볼 수 있고, 조소영은 권번과 기생을 다뤄 역사적 맥락, 우한웅은 체험과 효과를 다룬 영역이기에 현장적 맥락, 이효수는 자료의 아카이브화라는 활용을 주장한 논문이기에 사회적 맥락, 정영수는 홍보와 운영에 관한 활동이므로 사회적 맥락으로 볼 수 있고, 마지막으로 이정미는 연행적 특징과 정서적 특성을 다뤄 문화적 교류라는 시각을 제시하였기에 역사적 맥락이라고 판단된다.

2010년대 학위논문의 연구 경향은 역사적 맥락의 논문이 강범, 백경우(2011), 김종덕(2013), 정지윤, 조소영, 이정미 등 6편이고, 사회적 맥락으로 볼 수 있는 논문은 김지혜, 이효수, 정영수 등 3편이다. 현장적 맥락은 정다운(2012), 우한웅 등 2편이고, 예술적 맥락은 노혜경 1편이다.

2010년대의 연구 경향의 특징은 학술지논문의 경우, 역사적 맥락이 9편 〉 예술적 맥락 3편 〉 사회적 맥락 2편 〉 현장적 맥락 1편 순이다. 반면 학위논문의 경우는 역사적 맥락 6편 〉 사회적 맥락 3편 〉 현장적 맥락 2편 〉 예술적 맥락 1편의 순으로 드러난다.

6. 나가면서 : 이매방류 살풀이춤의 가치와 향후 연구과제

이글은 이매방류 살풀이춤의 연구사를 검토함으로써 이 춤의 가치를 재조명하는 데 목적을 둔 글이다. 이상과 같이 1970년대로부터 2010년대까지 학술지논문과 단행본, 그리고 학위논문 중에서 이매방류 살풀이춤을 주제로 다룬 글의 목록과 내용을 시대별로 파악하고 네 가지 분석틀에 따라 맥락을 검토하였다. 이렇게 검토한 바를 〈표 1〉과 같이 제시할 수 있다.

〈표 1〉 이매방류 살풀이춤 연대별 연구 경향

		역사적 맥락	예술적 맥락	현장적 맥락	사회적 맥락
1970년대–1980년대	학술지 논문, 단행본	김선풍(1984)	정병호(1971), 김경주		
	학위 논문		문인숙		
1990년대	학술지 논문, 단행본	이노연, 김효분, 문화재연구소(1장), 이병옥·서승우(1장, 5장)	송문숙, 정병호(1999), 김문애, 문화재연구소(4장), 이병옥·서승우(3장, 4장)		이병옥·서승우(2장)
	학위 논문	박미라, 조성실, 황춘미, 김규희	김미현, 최창덕, 나영옥, 박수영, 이화진		박종필
2000년대	학술지 논문, 단행본	유학자, 고경희·안용규·이정자, 국승희·강지연, 이미영(2004), 최지원, 민영현,	이미영(2002), 김명숙, 이미영(2004), 최지원, 강수향,	김윤희·신현군, 오숙례, 김말복·김명숙·이매방의 글, 차수정, 이미희,	성기숙

		역사적 맥락	예술적 맥락	현장적 맥락	사회적 맥락
		김지원(2006), 이정노, 이화진, 김영희(2008), 백현순, 이미영의 「기방무용의 특성연구」(2009), 이미영(2008), 김말복, 김혜정 · 이명진, 김영희의 『개화기 대중예술의 꽃, 기생』(2006), 조선연구회 편저 『조선미인보감』(2007)	이미영의 「한국 전통춤 "몸체" 특성 연구」(2009)	김영희, 『2005년도 한국 근현대 예술사 구술채록 연구 시리즈 : 이매방』(2006)	
	학위논문	김지영, 배숙희, 김유진, 송지영, 이명선, 강지연, 한승연	장인숙, 박미라, 박성호, 오현주, 윤여진, 하수연, 홍은주, 박지영, 강수향, 김지원	김윤희, 이선아	유준
2010년대	학술지 논문, 단행본	이유진, 김종덕 · 김운미, 송미숙, 정성숙, 양종승(2012), 김종덕(2014), 문철영(논문, 2015), 이병옥 · 김영란, 문철영(평전, 2015)	백경우(2010), 홍경아, 정예희	정다운 · 김승철 (2011)	김지원(2011), 문철영 · 황인규 · 채향순
	학위논문	강범, 백경우(2011), 김종덕(2013), 정지윤, 조소영, 이정미	노혜경	정다운(2012), 우한웅	김지혜, 이효수, 정영수
	총합	48	33	11	9

〈표 1〉에 제시한 바에 의하면, 1970년대-1980년대까지의 연구 경향은 예술적 맥락이 3편, 역사적 맥락이 1편이다. 이 시기에는 살풀이의 춤사위에 관한 분석이 많았고, 역사적 개념을 다룬 연구도 시작되고 있다. 하지만, 철학적 사상, 그밖에 구술 채록, 무용치료나 교육적 관점 등 다양화된 주제로 확대되는 경향은 아직까지 나타나지 않고 있음을 엿볼 수 있다.

1990년대 학술지논문과 학위논문의 연구 경향은 예술적 맥락의 연구가 10편으로 가장 비중이 높고, 역사적 맥락의 연구는 8편이며 사회적 맥락은 2편에 불과하다. 이는 1970-80년대의 춤사위 중심의 연구에서 1990년대에 접어들어 역사적 맥락의 연구로 관심영역이 점차 확대되는 현상으로 보인다.

2000년대의 연구 경향은 역사적 맥락은 24편, 예술적 맥락은 16편, 현장적 맥락은 8편, 사회적 맥락은 2편의 순이다. 이를 통해 이 시기 연구 경향은 춤사위나 구성, 복식과 소도구, 음악 등의 예술적 측면보다 어원이나 유래, 또는 명칭에 대한 역사적 측면과 미학적 주제를 더 많이 다뤘고, 현장적 맥락이나 사회적 맥락의 연구로 점차 다양화되어 가는 추세를 읽어낼 수 있다.

2010년대의 연구 경향은 역사적 맥락이 15편, 예술적 맥락은 4편, 현장적 맥락 3편, 사회적 맥락 5편의 비중을 형성하고 있다. 이를 통해 2010년대 연구 경향이 역사적 영역과 철학이나 사상 관련한 논문의 비중이 높아졌음을 알 수 있고, 반면에 춤사위 분석에 관한 연구는 쇠퇴했음을 발견할 수 있다. 또한, 이매방 명인의 예술적 활동이나 춤 자료의 사회적 유통에 관한 사회적 맥락의 연구가 활발해졌음도 눈에 띈다.

총체적으로 살펴보면, 1970년대부터 2010년까지 이매방류 살풀이춤을 다룬 연구 경향은 역사적 맥락이 48편, 예술적 맥락이 33편, 현장적 맥락이 11편, 사회적 맥락 9편으로 드러난다. 여기 목록으로 정리된 선행연구의 합계는 모두 101편에 이른다.

이러한 선행연구의 의의는 이매방류 살풀이춤의 중요성을 말해주는 반증이 된다. 때문에 선행연구를 검토하는 연구사 검토는 이매방류 살풀이춤의 가치를 재확인시켜주는 기회를 제공하게 된다. 그 가치는 네 가지 맥락에서 잘 드러난다. 즉, 이매방류 살풀이춤은 역사성을 간직하면서 전승된 춤으로 수준 높은 예술성을 지닌 춤이고 사회적 측면에서도 널리 사랑받은 춤이며, 여러 사람이 이 춤을 통해 체험하고 교육할 수 있는 실용적인 춤이라는 것이다.

마지막으로 연구사 검토를 통해 제언할 사항은 이매방류 살풀이춤 연구에 있어서 어원이나 유래, 미적 특징이나 춤사위에 관한 반복적인 기술보다는 새로운 영역에로의 확대가 요구된다는 점이다. 새로운 영역이란 춤 체험과 관련한 치료나 교육의 영역을 뜻하며, 이 춤과 관련된 새로운 창작과 활용의 영역을 말한다. 더불어 아직 자세히 다뤄지지 않았던 이매방 명인의 선조와 스승에 대한 역사적 고찰도 반드시 해결해야할 과제로 사료된다.

한국 전통춤의 역사적 전개 ‖ 이병옥

나간채, 「토마스 쿤의 과학 발전 이론에 의한 사회학 현상의 설명 가능성」, 『정신문화』 9호, 1981.

이병옥, 「한국무용사 연구의 시대구분에 관한 제언」, 『한국무용사학』 제3집, 한국무용사학회, 2004.

______, 『한국무용통사』 고대편, 민속원, 2013.

4대 명무의 전통춤 가치와 위상 ‖ 양종승

김경애 · 김채현 · 이종호, 『우리무용 100년』, 현암사, 2002.

김채현, 『춤과 삶의 문화』, 민음사, 1989.

심우성, 『한국전통예술개론』, 동문선, 2001.

양종승, 「무당춤 : 극장 예술화와 무용예술 장르화」, 『한국근대춤연구』, 2006.3.

______, 『우리춤 담론』, 2014.

정병호, 『한국춤』, 열화당, 1985.

______, 『한국의 전통춤』, 집문당, 1999.

표인주, 『한국인의 생활양식과 전통문화예술』, 민속원, 2004.

한명희, 『한국전통예술의 미의식』, 고려원, 1985.

구희서 · 정범태, 『한국의 명무』, 한국일보사, 1985.
김명숙, 「한영숙 춤의 특질과 예술세계」, 『무용예술학연구』 22집, 한국무용예술학회, 2007.
김영희, 『전통춤평론집 춤풍경』, 파주 : 보고사, 2016.
박용구, 「풍류명인야화(96)」, 『동아일보』 19591.9.6.
박재희, 「한영숙 승무고」, 『한국미래춤학회 연구논문집』 4권, 한국미래춤학회, 1998.
서길원, 「예순 지나서야 춤 철학 터득; 원로 韓英淑 무용가를 찾아」, 『藝術界』 27호, 한국예술문화단체총연합회, 1987.8.
성경린, 「한영숙—무용사 속에서의 한영숙의 춤의 위치」, 한영숙승무보존회, 1991.
이병옥, 『살풀이춤 류파연구 : 기방계(이매방) · 재인계(한영숙) · 무속계(김숙자)를 중심으로』, 노리, 2003.
이애주, 「한영숙 춤의 성립 배경과 특성」, 『한국미래춤학회 연구논문집』 4권, .1998.
이은주, 『한영숙류 살풀이춤』, 은하출판사, 1992.
______, 『춤 33인』, 도서출판 미디어, 2007.
정범태 · 구희서, 『한영숙—살풀이』, 서울 : 열화당, 1992.
정재만, 「전통무용기법 분석에 관한 연구」, 『숙명여자대학교 논문집』 34권.
한국무용아카데미 편, 『춤을 지키는 마음』, 한국무용아카데미, 1989.
마태부, 「한성준옹의 애손(愛孫) 무희 한영숙」, 『신세대』 제5집, 1941.5.

『경성일보』
『경향신문』
『동아일보』
『매일경제』
『매일신보』
『서울신문』
『조선일보』

『춤』 1999-02 [이런 기록(記錄)] 한성준씨의 춤 한영숙양이 계승—조선예술상 수상에 얽힌 이야기 ○출처 : 경성일보(日文, 1941.5.8)
『춤』 1978-09 [증언(證言)] 한영숙씨의 등장 ○김소희(국악인) 著 ○출처 : 월간스포츠(1978.8.17)
『춤』 1999-11 [춤계기별] 故 한영숙 10주기 추모공연 및 심포지움 성료
『춤』 1999-11 [화보(畵報)] 춤계의 어제그제—고 한영숙 10주기 추모 공연
『춤』 2004-03 [사료] 조선무용의 후계자—한성준옹의 애손 무희 한영숙 ○출처 : 신시대 5집

1941년 5월
『춤』 1982-07 [화보(畵報)] 한국명무전－한영숙 〈승무〉(故 벽사 한영숙 선생) 흉상 건립 제막식 및 한영숙 춤 학술대회 / 주최 : 한영숙춤보존회

명가(明嘉) 강선영(姜善泳) 명무의 춤 세계 ‖ 이희병

김근희, 『곡선의 미학과 우리의 춤』, 서울 : 원방각. 1992.
김정녀, 『권번춤에 대한 연구 : 문화재』, 1989.
박진희, 「무형문화재 태평무 최초 보유자 강선영 생애담을 통한 유 · 아동기 삶의 이해」, 『대한무용학회논문집』 제75권 1호, 대한무용학회, 2017.
성계옥, 『진주의암별제지』, 진주민속예술보존회, 1987.
성기숙, 『태평무인간문화재 강선영』, 서울 : 연락재, 2008.
유인희, 「한국신무용사」, 이화여대 석사학위 논문, 1974.
이세기, 『여유와 금도의 춤』, 서울 : 푸른사상사, 2003.
임수정, 「한국 여기검무(女妓劍舞)의 예술적 형식과 지역적 특성 연구」, 용인대학교 박사학위 논문, 2006.
정정자, 『춤 이야기』, 춘천 : 강원대학교 출판부, 1997.

『매일신보』, 1941.9.4.
『황성신문』, 1908.5.28.
월간 『춘추』(8월호), 1941. '조선의 큰 북이 갔다'라는 제하의 추도문.

김숙자의 춤 활동 연보 재고 ‖ 이종숙

곽은경, 「김숙자 도살풀이춤의 무대화 전이과정에 관한 연구」, 이화여자대학교 석사학위논문, 2003.
구희서 글, 정범태 사진, 『金淑子－도살풀이』, 서울 : 열화당, 1992.
김기화, 「경기도당굿 군웅춤과 김숙자류 부정놀이춤의 비교연구 : 부정놀이 장단의 부채 · 방울춤을 중심으로」, 『한국무용연구』 24-1, 한국무용연구회, 2006, 37-77쪽.
김말애 · 최현주 · 이소정, 「재인청을 통한 김숙자 춤의 유형적 특성 연구」, 『한국체육과학회지』 21-5, 한국체육과학회, 2012, 947-958쪽.

김명숙, 「都堂굿의 巫舞에 대한 考察」, 이화여자대학교 석사학위논문, 1979.
김주미, 「김숙자 도살풀이춤의 미적 고찰」, 숙명여자대학교 전통문화예술대학원 석사학위논문, 2004.
김천홍, 『심소 김천홍 선생 무악인생록』, 김영희 엮음, 서울 : 소명출판, 2017.
김한덕, 「김숙자 도살풀이춤 동작 분석 연구」, 숙명여자대학교 전통문화예술대학원 석사학위논문, 2003.
노재명, 「충청도 공주 중고제 판소리 거장 김석창과 그 일가」, 『명창의 증언과 자료를 통해본 판소리 참모습』, 서울 : 나라음악큰잔치 추진위원회, 2006.
문화재연구소 예능민속연구실 편, 『무형문화재조사보고서(14) : 승무 · 살풀이춤(서울 · 京畿 · 忠淸篇)』, 문화재연구소, 1991.
박지영, 「김숙자류 도살풀이춤과 이매방류 살풀이춤의 비교 고찰」, 고려대학교 대학원 석사학위논문, 2007.
성기숙, 「恨과 神明을 넘나든 초탈의 경지 : 金淑子論」, 『대한무용학회지』 31, 대한무용학회, 2001, 49-67쪽.
심우성 · 이보형, 『무형문화재조사보고서 제121호 : 안성무속(경기시나위춤)』, 문화재관리국, 1976.
안제승, 『한국신무용사』, 서울 : 승리문화사, 1984.
양길순, 「구술(口述)로 본 김숙자 연구」, 중앙대학교 국악교육대학원 석사학위논문, 2006.
원명숙, 「경기도당굿 춤장단이 한국전통무용에 끼친 영향에 관한 연구」, 용인대학교 석사학위논문, 2002.
이미란, 「김숙자의 삶을 통해 본 도살풀이춤에 내재한 의미 연구」, 『체육사학회지』 23-1, 한국체육사학회, 2018, 55-70쪽.
이병옥 · 양길순, 「김숙자 생애와 가계전승 춤 연구」, 『용인대학교 논문집』 27, 용인대학교, 2009, 41-60쪽.
이지연, 「김숙자의 生涯와 춤에 대한 考察」, 숙명여자대학교 대학원 석사학위논문, 2005.
임수정, 「김숙자의 부정놀이춤 연구 : 동작구조의 분석을 중심으로」, 중앙대학교 대학원 석사학위논문, 2000.
정병호, 『무형문화재조사보고서 제185호 : 살풀이춤』, 문화재관리국, 1989.
______, 『한국의 전통춤』, 서울 : 집문당, 1999.
정선희, 「경기시나위 도살풀이춤의 원형성과 예술성 연구」, 성균관대학교 박사학위논문, 2017.
정성숙, 「재인계통 춤의 특징과 무용사적 가치연구 : 한성준 · 이동안 · 김숙자 중심으로」, 성균관대학교 박사학위논문, 2008.
______, 「김숙자춤의 무용예술사적 의의 고찰」, 『한국무용교육학회지』 22-2, 한국무용교육학회, 2011, 101-114쪽.
정아영, 「김숙자류 도살풀이춤에 내재된 절정에 관한 연구」, 한국예술종합학교 석사학위논문, 2013.

정지현, 「문명화 과정으로서 김숙자류 올림채춤의 역사 사회학적 분석」, 경기대학교 일반대학원 박사학위논문, 2013.

한수문, 「김숙자류 경기시나위춤에 관한 고찰」, 『공연문화연구』 22, 한국공연문화학회, 2011, 413-439쪽.

______, 「김숙자류 터벌림춤의 가치론적 연구」, 한양대학교 대학원 박사학위논문, 2012.

[팸플릿 자료]

문공부 · 문예진흥원 주최, 『제17회 전국민속예술경연대회 서울특별시 출연작품』, 「민속무용 도당굿놀이」 팸플릿, 진주공설운동장, 1976.10.22. (최윤희 자료제공)

중요무형문화재 제97호 도살풀이 주최, 『故 金淑子(藝能保有者) 1周年 追慕公演』 팸플릿, 문예회관대극장, 1992.12.01. (양길순 자료제공)

구희서, 「경기 무속장단과 춤의 정수」; 심우성, 「역동성, 건강성, 남성다움을 되찾아」.

김숙자 살풀이춤보존회주최, 『중요무형문화재 제97호 도살풀이 故 김숙자 선생 5주기 추모공연』 팸플릿, 문예회관 대극장, 1996.12.10. (양길순 자료제공)

김숙자 살풀이춤 보존회 주최, 『중요무형문화재 제97호 「도살풀이춤」 고 김숙자 선생 7주기 추모공연』 팸플릿, 문예회관 대극장, 1998.12.06. (양길순 자료제공)

김숙자 살풀이춤 보존회 주최, 『중요무형문화재 제97호 도살풀이춤 고 김숙자 선생 9주기 추모공연』 팸플릿, 동숭아트센터 동숭홀, 2000.11.27. (양길순 자료제공)

김영희 · 한정옥 채록, 「부정놀이춤 : 경기무속무용의 예능보유자 金淑子」, 『한국명무전II : 서울시립무용단 제14회 정기공연』 팸플릿, 세종문화회관대강당, 1983.03.23-24.

[신문]

『경향신문』 1962.05.24. 4면. 「新人藝術賞 合格한 脚本」.

『경향신문』 1972.01.22. 8면. 「농악 · 부채춤등 11회공연 雪原에 펼칠 民俗의 향연」.

『경향신문』 1978.08.03. 5면. 「民俗 : 世界속 韓國심는 「外交使節」. 68년創團…民俗藝術團 어제와 오늘. 10년동안 85개國 돌며 공연. "섬세하고 장중…찬란한 韓半島중세文化 재현". 곳곳서 極讚…새이미지 浮刻」.

『경향신문』 1976.09.07. 5면. 「文化의香薰따라千里길(47) : 特異한 民俗 · 民謠. 濟州道. 人脈과 風土로 본 내고장 散策. 藝術團통해 전승과 보급. 宋根宇씨」.

『경향신문』 1976.10.18. 5면. 「전국民俗競演 22일 開幕」.

『경향신문』 1976.12.10. 5면. 「文化短信 : 金淑子 巫俗무용 11일 발표회」.

『경향신문』 1985.08.13. 11면. 「공연과 대화의 모임. 「한일춤의 원류를 찾아」 18,19일 이틀간」.

『동아일보』 1976.12.15. 5면. 「무용評 : 啓示어린 「靈感」의 律動 : 金淑子巫俗舞踊발표」.

『동아일보』 1979.12.11. 5면. 「스케치 : 타고난 춤군들 「名舞展」에 갈채. 74세高齡 젊은이 솜씨 빰칠정도」.

『동아일보』 1976.12.15. 5면. 「무용評 : 啓示어린 「靈感」의 律動 : 金淑子巫俗舞踊발표」.

[사이트]
김석창(金碩昌). 네이버 지식백과. 한국전통연희사전. [검색일 : 2018.12.10.].
https://terms.naver.com/entry.nhn?docId=3325714&cid=56785&categoryId=56785
국악음반박물관. [검색일 : 2018.12.10.].
http://www.hearkorea.com/gododata/gododata.html?g_id=8&g_no=16808
시나위. 한국민족문화대백과사전. [검색일 : 2018.12.10.].
http://encykorea.aks.ac.kr/Contents/SearchNavi?keyword=시나위&ridx=0&tot=20.
대동아전쟁. 다음백과사전. [검색일 : 2019.01.20.].
http://100.daum.net/encyclopedia/view/v150ha710a30.
유기룡. 한겨레음악대사전. [검색일 : 2018.11.28.].
https://terms.naver.com/entry.nhn?docId=1955535&cid=60486&categoryId=60486.
문화재청 문화재 전승자정보. [검색일 : 2018.11.29.]
http://www.heritage.go.kr/heri/cul/selectJunsList.do?ccjuKdcd=17&ccjuAsno=00970000&ccjuCtcd=ZZ.
한국국악협회. 한국민족문화대백과사전. [검색일 : 2019.01.28.]
http://encykorea.aks.ac.kr/Contents/SearchNavi?keyword=한국국악협회&ridx=0&tot=2231.

이매방류 살풀이춤의 연구사 검토와 그 가치 ‖ 목진호

단행본
김경자 · 정화자 공역(小林信次 저), 『무용미학』, 고려원, 1983.
김말복, 『우리춤』, 이화여대출판부, 2005.
김매자, 『한국예술사전』, 예술원, 1985.
김문애, 『3인의 살풀이춤 탐구』, 서울 : 홍경, 1996.
김선풍, 「朝鮮美人寶鑑 解題」, 『朝鮮美人寶鑑』, 민속원, 1984, 영인본.
김영희, 『2005년도 한국 근현대예술사 구술채록연구 시리즈 67; 이매방(李梅芳, 1926-)』, 한국문화예술위원회, 2006.
______, 『개화기 대중예술의 꽃, 기생』, 민속원, 2006.
김혜정 · 이명진, 『한국무용사의 이해』, 형설출판사, 2003.
문철영, 『하늘이 내린 춤꾼 이매방 평전』, 새문사, 2015.

문화재연구소, 『무형문화재조사보고서 : 승무 · 살풀이(서울 · 京畿 · 忠淸篇)』 14, 문화재관리국, 1991.
이병옥, 『살풀이춤 류파 연구』 도서출판 노리, 2006.
이병옥 · 김영란, 『국무 · 우봉 이매방』, 우봉이매방춤보존회, 2011.
이병옥 · 서승우, 『한국의 중요무형문화재 제97호 : 살풀이춤』, 국립문화재연구소, 1998.
정병호, 『韓國 춤』, 동방인쇄공사, 1971.
_____, 『한국무용의 미학』, 집문당, 2004.
조선연구회 편저, 『조선미인보감』, 민속원, 2007, 영인본.

학술지논문

강수향, 「영상분석에 기반한 이매방 살풀이춤 춤사위의 연구」, 『우리춤과 과학기술』 7, 한양대우리춤연구소, 2008, 287-311쪽.
고경희 · 안용규 · 이정자, 「살풀이춤의 미적 탐색」, 『한국체육철학회지』 제12권 제2호, 한국체육철학회, 2004, 543-560쪽.
국승희 · 강지연, 「한영숙류와 이매방류 살풀이춤의 미적 특성 비교」, 『한국스포츠학회지』 4, 한국스포츠학회, 2004, 1-18쪽.
김말복 · 김명숙 · 이매방, 「증언으로 듣는 한국 근 현대무용사 : 우리 춤은 자연이다」, 『무용예술학연구』 14, 한국무용예술학회, 2004, 331-340쪽.
김명숙, 「이매방의 예술세계」, 『무용예술학연구』 13, 한국무용예술학회, 2004, 1-25쪽.
김영희, 「[무용(3)] 「살풀이춤」의 근대성」, 『공연과 리뷰』 62, 현대미학사, 2008, 30-39쪽.
김윤희 · 신현군, 「살풀이 춤 체험의 해석학적 현상학 연구」, 『움직임의철학 : 한국체육철학회지』 10권 1호, 한국체육철학회, 2002, 79-114쪽.
김지원, 「살풀이춤의 미적 특질에 관한 화쟁기호학적 연구」, 『대한무용학회논문집』 47, 대한무용학회, 2006, 1-25쪽.
_____, 「호남춤의 예맥(藝脈), 전통춤의 전승에 관한 논의 : 한진옥과 이매방을 통해서」, 『공연문화연구』 22, 한국공연문화학회, 2011, 157-183쪽.
김종덕 · 김운미, 「시간의 네 가지 속성(窮 · 變 · 通 · 久)으로 본 살풀이춤의 구조분석」, 『한국무용학회지』 제11권 제2호, 한국무용학회, 2011, 47-60쪽.
김종덕, 「역사상(易思想)을 통해서 본 호흡과 대삼소삼(大衫小衫)의 연관성 연구 : 이매방류 살풀이춤을 중심으로」, 『우리춤과 과학기술』 25, 우리춤연구소, 2014, 9-31쪽.
김호연, 「역사학자의 시각에서 바라본 춤꾼의 일생」, 『무용역사기록학』 41, 무용역사기록학회, 2016, 261-265쪽.
김효분, 「살풀이춤에 나타난 정서적 측면에 관한 고찰」, 『한국무용연구』 17, 한국무용연구회, 1999, 77-91쪽.
문인숙, 「살풀이 춤의 소고(小考) : 무속(巫俗)과의 상관면(相關面)에서」, 『대한무용학회논문집』

4, 대한무용학회, 1982, 135-145쪽.

문철영, 「인간 이매방과 그의 춤」, 『우리춤과 과학기술』 31, 한양대우리춤연구소, 2015, 9-36쪽.

문철영 · 황인규 · 채향순, 「동아시아 현대사 속의 매란방과 최승희, 그리고 호남예술의 진수 이매방」, 『한국무용사학회 심포지엄』, 한국무용사학회, 2012, 113-136쪽.

민경숙, 「살풀이 춤에 관한 연구」, 『한국여성체육학회지』 11, 한국여성체육학회, 1997, 149-154쪽.

민영현, 「한국무용 예술의 생명미학에 관하여 : 巫舞와 살풀이춤의 상호 관련성을 중심으로」, 『哲學論叢』 41, 새한철학회, 2005, 75-107쪽.

백경우, 「춤과 장단의 음양적 상관성 연구 : 이매방 춤의 대삼소삼(大衫小衫)을 중심으로」, 『대한무용학회논문집』 63, 대한무용학회, 2010, 85-114쪽.

백현순, 「살풀이춤과 한(恨)의 철학적 해석」, 『한국무용연구』 27, 한국무용연구회, 2009, 43-60쪽.

성기숙, 「호남춤의 명인 이매방 연구」, 『한국무용연구』 27, 한국무용연구회, 2009, 1-26쪽.

송문숙, 「살풀이 특성과 장단 및 명칭에 관한 소고」, 『한국여성체육학회지』 제13권 제2호, 한국여성체육학회, 1999, 145-156쪽.

송미숙, 「류파별 살풀이춤을 통해 본 한국춤의 미(美)」, 『한국무용사학』 12, 한국무용사학회, 2011, 129-156쪽.

신상미, 「살풀이 춤움직임의 특성 분석」, 『한국체육학회지』 제36권 제1호, 한국체육학회, 1997, 1491-1500쪽.

양종승, 「이매방류 승무, 살풀이춤 구성 및 전승계보 그리고 무형유산으로서의 위상」, 『제1회 우봉이매방전통춤 학술세미나 및 이매방류 승무 · 살풀이춤 완판 발표회』, 우봉이매방전통춤보존회, 2008, 9-67쪽.

______, 「우봉춤 종류와 예술형식 및 가치」, 『국무 · 우봉 이매방』, 우봉이매방춤보존회, 2011, 156-201쪽.

______, 「무속의례에서 무용예술로의 전이양상」, 『제37차 한국무속학회 학술대회발표논문집 무속과 인접예술』, 무속학회, 2012, 245-260쪽.

______, 「하늘이 내린 춤꾼, 宇峰 이매방 선생님을 追惜하며」, 『문화재』 통권372, 2015, 24-27쪽.

오숙례, 「살풀이 춤 수행이 어깨결림 완화에 미치는 효과분석」, 『한국무용연구』 20, 한국무용연구회, 2002, 65-88쪽.

유학자, 「살풀이춤의 미적 특징」, 『韓國舞踊教育學會誌』 제12권 제1호, 韓國舞踊教育學會, 2001, 83-99쪽.

이노연, 「살풀이춤의 기법에 관한 연구 : 이매방류 살풀이춤을 중심으로」, 『한국무용연구』 10, 한국무용연구회, 1992, 29-44쪽.

이미영, 「살풀이춤을 이용한 무용창작 연구」, 『韓國舞踊敎育學會誌』 제13권 제1호, 韓國舞踊敎育學會, 2002, 85-101쪽.

_____, 「이매방 춤 양식 연구 : 입춤, 살풀이춤, 장검무, 승천무를 중심으로」, 『대한무용학회논문집』 40, 대한무용학회, 2004, 33-56쪽.

_____, 「우봉 이매방 춤 양식적 특성」, 『제1회 우봉이매방전통춤 학술세미나 및 이매방류 승무 · 살풀이춤 완판 발표회』, 우봉이매방전통춤보존회, 2008.

_____, 「기방무용의 특성연구」, 『무용예술학연구』 26, 한국무용예술학회, 2009, 133-152쪽.

_____, 「한국 전통춤 "몸체" 특성 연구 : 살풀이춤을 중심으로」, 『우리춤과 과학기술』 9, 우리춤연구소, 2009, 45-73쪽.

이미희, 「살풀이춤 감성교육 프로그램 모형 설계」, 『우리춤과 과학기술』 7, 우리춤연구소, 2008, 313-328쪽.

이유진, 「살풀이춤에 내재된 생태적 의미 고찰」, 『모드니 예술』 3, 한국문화예술교육학회, 2010, 103-116쪽.

이정노, 「살풀이춤의 형성배경에 관한 일고찰 : 광대들의 음악문화에 대한 연관성을 중심으로 」, 『공연문화연구』 13, 한국공연문화학회, 2006, 253-277쪽.

이화진, 「살풀이춤과 음양오행(陰陽五行) 사상에 관한 연구」, 『한국무용연구』 25, 한국무용연구회, 2007, 165-186쪽.

정다운 · 김승철, 「살풀이춤이 갖는 성격 이미지 탐색」, 『한국스포츠심리학회지』 제22권 제3호, 한국스포츠심리학회, 2011, 185-198쪽.

정병호, 「춤사위」, 『공연예술총서』 제7권, 한국문화예술진흥원, 1981.

정성숙, 「이매방 춤에 나타난 기방계통적 특징 고찰」, 『동양예술』 17, 한국동양예술학회, 2011, 145-176쪽.

정예희, 「이매방 살풀이춤[중요무형문화재 제97호] 복식 연구」, 『服飾』 63, 한국복식학회, 2013, 31-48쪽.

차수정, 「한국(韓國)의 문화(文化) : 한국인을 위한 심리치료로서의 전통 무용의 가치-살풀이춤을 중심으로-」, 『韓國思想과 文化』 41, 한국사상문화학회, 2008, 333-358쪽.

최지원, 「전통 : 남성 살풀이춤의 미적 특이성 연구-호남지방을 중심으로-」, 『한국예술교육학회 학술발표논문집』 2004권 2호, 한국예술교육학회, 2004, 52-63쪽.

최창덕, 「이매방 살풀이춤의 동작구조 분석 : 무적도식과 기호화를 중심으로」, 『교육논총』 1, 중앙대학교 교육대학원, 1995, 239-302쪽.

홍경아, 「한영숙과 이매방 류 발 디딤의 운동역학적 특성비교 분석-까치걸음과 비디딤을 중심으로」, 『한국무용과학회지』 20, 한국무용과학회, 2010, 1-18쪽.

학위논문

강범, 「한국살풀이춤과 중국 조선족살풀이춤에 관한 연구」, 중부대대학원 석사학위논문, 2011.

강수향, 「영상분석에 기반한 이매방 살풀이춤 춤사위의 연구」, 한양대대학원 석사학위논문, 2008.
강지연, 「한영숙류와 이매방류 살풀이춤의 미적 특성 비교」, 숙명여대교육대학원 석사학위논문, 2005.
김경주, 「살풀이춤에 대한 美學的 接近 : 이 매방의 살풀이춤을 중심으로」, 이화여대대학원 석사학위논문, 1984.
김규희, 「살풀이춤에 나타난 '恨'의 정서」, 원광대대학원 석사학위논문, 1997.
김미현, 「살풀이 춤의 動作分析 : 無形文化財 97호 李梅芳流를 中心으로」, 원광대대학원 석사학위논문, 1991.
김지혜, 「살풀이춤의 위상에 관한 일 고찰 : 사회적 과정을 中心으로」, 이화여대대학원 석사학위논문, 2011.
김유진, 「살풀이춤의 변천과정에 관한 연구」, 상명대학교 교육대학원 석사학위논문, 2002.
김윤희, 「살풀이 춤 체험의 해석학적 현상학 연구」, 연세대학교 교육대학원 석사학위논문, 2000.
김종덕, 「대대적 관계(待對的 關係)와 순환성(循環性)으로 본 이매방 살풀이춤 연구」, 한양대대학원 박사학위논문, 2013.
김지영, 「살풀이춤에 나타난 "恨"의 현대적 해석」, 부산대대학원 석사학위논문, 2001.
김지원, 「이매방류 민속춤에 표현된 복식의 조형성」, 성균관대학교 일반대학원 석사학위논문, 2009.
나영옥, 「韓國巫俗과 傳統舞踊의 構造에 관한 硏究 : 살풀이 춤과 탈춤을 중심으로」, 광주 : 朝鮮大學校 大學院 석사학위논문, 1995.
노혜경, 「라반의 움직임분석을 통한 살풀이춤에 관한 연구」, 세종대대학원 석사학위논문, 2011.
박미라, 「韓英淑 살풀이춤과 李梅芳 살풀이춤 비교 연구 : 살풀이춤의 미학적 특징을 中心으로」, 신라대대학원 석사학위논문, 1991.
＿＿＿, 「살풀이춤의 미학적 특징 연구」, 세종대언론홍보대학원 석사학위논문, 2003.
박성호, 「살풀이춤의 디딤새와판소리의 붙임새 비교연구」, 중앙대교육대학원 석사학위논문, 2003.
박수영, 「한영숙류 살풀이춤과 이매방류 살풀이춤의 비교 연구」, 조선대대학원 석사학위논문, 1995.
박종필, 「李梅芳 傳統춤의 傳承過程에 관한 硏究」, 중앙대대학원 석사학위논문, 1996.
박지영, 「김숙자류 도살풀이춤과 이매방류 살풀이춤의 비교 고찰」, 고려대대학원 석사학위논문, 2007.
배숙희, 「살풀이춤의 미적 특성 고찰 : 이매방류를 중심으로」, 단국대대학원 석사학위논문, 2001.
백경우, 「이매방(李梅芳)춤의 양식적 특성으로 본 역학(易學)적 분석 : 〈승무〉 · 〈살풀이춤〉 · 〈입춤〉 · 〈검무〉를 중심으로」, 성균관대학교 일반대학원 박사학위논문, 2011.

송지영, 「살풀이 춤의 미적 특질에 관한 연구 : 이매방 살풀이 춤을 중심으로」, 이화여대대학원 석사학위논문, 2002.

오현주, 「살풀이춤 지도법에 관한 사례연구 : 이매방류 살풀이춤의 기법과 심법을 중심으로」, 건국대대학원 석사학위논문, 2003.

유준, 「근 · 현대 한국무용 발전에 영향을 끼친 남성무용가에 관한 연구 : 한성준, 김천홍, 이매방을 중심으로」, 경성대학교 교육대학원 석사학위논문, 2003.

윤여진, 「살풀이 춤의 디딤새에 관한 연구 : 한영숙류와 이매방류를 중심으로」, 충남대대학원 석사학위논문, 2003.

윤영실, 「근대한국춤에서 현대한국춤으로의 전이 과정에 관한 연구」, 중앙대대학교 사회개발대학원 석사학위논문, 1996.

이명선, 「전통무용에 나타난 기방무용에 관한 연구」, 세종대학교 교육대학원 석사학위논문, 2002.

이선아, 「한국 전통춤에 나타난 호흡에 관한 연구 : 살풀이춤을 중심으로」, 경희대대학원 석사학위논문, 2001.

이유나, 「살풀이춤과 무속연관성 연구」, 숙명여자대학교 전통문화예술대학원 석사학위논문, 2004.

이정미, 「살풀이춤과 플라멩코의 비교 문화론적 연구 : 연행의 특성과 정서적 상동성을 중심으로」, 한국방송통신대대학원 석사학위논문, 2017.

이화진, 「살풀이춤의 류파별 비교분석 : 중부류와 호남류 살풀이춤의 미적 특징을 중심으로」, 숙명여대대학원 석사학위논문, 1995.

이효수, 「이매방 강선영 류파별 춤을 통해 본 한국 전통춤의 발전적 보존 방안」, 상명대학교 예술디자인대학원 석사학위논문, 2014.

우한웅, 「중년여성의 요실금 완화를 위한 이매방류 살풀이춤 교육프로그램 연구」, 한양대대학원 석사학위논문, 2014.

장인숙, 「살풀이춤의 流派別 춤사위 比較 硏究 : 韓英淑 · 李梅芳 · 崔先을 中心으로」, 경희대대학원 박사학위논문, 2001.

정다운, 「살풀이춤에 내재된 표현정서와 체험정서의 구조」, 성균관대학교 일반대학원 박사학위논문, 2012.

정영수, 「이매방류 살풀이춤의 보존 · 전승을 위한 무형문화재적 가치 연구」, 상명대학교 문화기술대학원 석사학위논문, 2016.

정지윤, 「살풀이춤에 내재된 민족정서와 실체비교를 통한 전승가치 인식에 관한 연구」, 세종대대학원 박사학위논문, 2013.

조성실, 「韓國의 傳通的 美意識에 觀한 살풀이 춤 硏究」, 공주대대학원 석사학위논문, 1991.

조소영, 「권번 기생의 운영 활동과 무용 활동 변천 과정 연구」, 공주대학교 교육대학원 석사학위논문, 2013.

최창덕, 「李梅芳 살풀이춤의 動作構造·分析 : 舞跡圖式과 記號化를 中心으로」, 중앙대대학원 석사학위논문, 1994.
하수연, 「한영숙류와 이매방류 살풀이춤의 춤사위 용어와 호흡 비교」, 숙명여자대학교 전통문화예술대학원 석사학위논문, 2003.
한승연, 「플라톤 관점으로 본 살풀이춤의 미학적 분석」, 숙명여자대학교 전통문화예술대학원 석사학위논문, 2009.
황정희, 「한국춤에 나타난 '한'과 '신명'에 관한 연구 : 살풀이 춤과 탈춤을 중심으로」, 경남대대학원 석사학위논문, 1993.
황춘미, 「살풀이 춤의 美的 特性 硏究」, 중앙대대학원 석사학위논문, 1992.
홍은주, 「한영숙, 이매방 살풀이춤의 비교 분석 : 춤사위와 동작소를 중심으로」, 숙명여자대학교 전통문화예술대학원 석사학위논문, 2003.

찾아보기

| 가 |

| 나 |

| 다 |

| 라 | · | 마 |

| 바 |

| 사 |

| 아 |

| 자 |

| 차 |

| 타 | · | 파 |

| 하 |

전통춤 4대 명무

한영숙 · 강선영 · 김숙자 · 이매방

초판1쇄 발행 2019년 6월 15일

엮 은 이 사단법인 한국전통춤협회
책임편집 한국전통춤협회 학술연구위원장 양종승
펴 낸 이 홍종화

편집 · 디자인 오경희 · 조정화 · 오성현 · 신나래
김윤희 · 박선주 · 조윤주 · 최지혜
관리 박정대 · 최현수

펴낸곳 민속원
창업 홍기원 **편집주간** 박호원
출판등록 제1990-000045호
주소 서울 마포구 토정로 25길 41(대흥동 337-25)
전화 02) 804-3320, 805-3320, 806-3320(代)
팩스 02) 802-3346
이메일 minsok1@chollian.net, minsokwon@naver.com
홈페이지 www.minsokwon.com

ISBN 978-89-285-1320-8 94080
S E T 978-89-5638-390-3

이 도서의 국립중앙도서관 출판시도서목록(CIP)은
서지정보유통지원시스템 홈페이지(http://seoji.nl.go.kr)와
국가자료공동목록시스템(http://www.nl.go.kr/kolisnet)에서
이용하실 수 있습니다.(CIP제어번호 : CIP2019021563)

책 값은 뒤표지에 있습니다.
잘못된 책은 바꾸어 드립니다.